如何说，
孩子才会爱上学习

〔韩〕韩惠媛 著
程 乐 译

 湖南教育出版社
·长沙·

图书在版编目（CIP）数据

如何说，孩子才会爱上学习 /（韩）韩惠媛著；程乐译. —长沙：湖南教育出版社，2022.11
ISBN 978-7-5539-9294-5

Ⅰ.①如… Ⅱ.①韩… ②程… Ⅲ.①学习方法 – 家庭教育 Ⅳ.①G791②G78

中国版本图书馆CIP数据核字（2022）第193352号

그렇게 말해주니 공부하고 싶어졌어요(WORDS THAT MAKE ME WANT TO STUDY)
Copyright © 2021 by 한혜원(Han Hyewon /韩惠媛)
All rights reserved.
Original Korean edition published by Wisdom house Inc.
Simplified Chinese copyright © 2022 by Hunan Education Publishing House Branch, China
South Publishing & Media Group, CO., LTD.
Simplified Chinese language edition arranged with Wisdom house Inc. through
Rightol Media Limited. (本书中文简体版权经由锐拓传媒取得)

湖南省版权局著作权合同登记章字：18-2022-218号

RUHE SHUO，HAIZI CAI HUI AISHANG XUEXI
如何说，孩子才会爱上学习

策划编辑：陈慧娜　　　　　　　责任编辑：陈逸昕
责任校对：王梦雅　　　　　　　封面设计：宋祥瑜
出版发行：湖南教育出版社（长沙市韶山北路443号）
网　　址：www.bakclass.com
电子邮箱：hnjycbs@sina.com
微 信 号：贝壳导学
客服电话：0731-85486979
经　　销：湖南省新华书店
印　　刷：长沙超峰印刷有限公司
开　　本：880 mm × 1240 mm　1/32
印　　张：9.25
字　　数：140 000
版　　次：2022年11月第1版
印　　次：2022年11月第1次印刷
书　　号：ISBN 978-7-5539-9294-5
定　　价：48.00 元

本书若有印刷、装订错误，可向承印厂调换

目　录

第一章　母亲的对话法——语言要附带动机
学习要以自尊心为基础

第二章 母亲的对话法——培养自主性

自主学习才会更长久

第三章 母亲的对话法——培养胜任能力
相信自己，才会有更强的学习欲望

第四章 母亲的对话法——维持良好的亲子关系

亲子关系良好，成绩也会随之提高

第五章 母亲的对话法——培养学习中自尊感的对话练习

孩子的性格不同，我们的说话方式也应不同

第
一
章

妈妈作为养育者，与孩子的关系最为亲密，孩子更想与妈妈一起分享自己的隐秘情感。

考试考得还不错时，最想与之分享喜悦的人是妈妈；

成绩不理想心里难受时，最想得到的也是妈妈的安慰。

像这样，当孩子就学习上表现出自己的隐秘情感时，

妈妈和孩子的对话会对孩子学习中的自尊心产生极大影响。

第一节
自尊心才是孩子学习的后盾

"老师，对于孩子的学习，我其实并不贪心。"电话那头传来了一位母亲的叹息声，"即便成绩不好，我也希望他能和同学好好相处，健康地成长。但看到镇炯隔三差五就和同学打架，我心里真的很不是滋味。"

其实，不单单是镇炯母亲，天下所有的母亲都是如此，希望孩子能健康且幸福地成长。然而很奇怪，明明妈妈们都已经不贪心了，那她们为什么还会屡屡失望呢？

对于镇炯母亲的这种情况，我其实很理解她的心情，但对于她所说的"对学习不贪心"，我却有几分怀疑，情况真的是这样吗？事实上，不单是镇炯，我觉得差不多韩国所有的孩子都不会相信自己妈妈说的这句话。毕竟，因为学习问题和妈妈关系破裂的事情在韩国早已不胜枚举。

"对于孩子，我什么期望都没有，只要健康就行。"这是很多妈妈经常会说的一句话。但我们没有意识到，其实母亲的期盼会随着孩子进入学校而开始逐渐变化。孩子一旦进入校园，妈妈就开始希望他们能在学校里好好学习，在课堂上积极发言，然后自然而然地，她们的期望就会增加到希望孩子能够得到老师的青睐、得到同学的认可，等等。当然，我并不是说妈妈们这样的期盼就是错误的。

"对于孩子的学习，我真的一点儿都不贪心。"对于这句话，我反而认为值得我们警惕。其实，有这种想法并不是因为妈妈们自身的心态和最初时有所不同。相反，问题的症结在于孩子入校后，"学习"成为他们生活中一个绝对绕不开的话题。

那么，学习究竟在孩子生活中占据了多大比重呢？让我们一起来大致了解下孩子们的生活：他们每天都要上学，一年中超过一半的时间，大约有 190 天都要去学校。

仅仅就这些吗？当然不是，每天在校的 4 ~ 6 个小时中，孩子要和同学们一起学习规定的课程，有时还需要通过考试来检验学习成果。这样的生活，至少要持续十多年的时间。所以学习在孩子的生活中占据了绝对比重。如果说大人们有所谓的"社会生活"的话，那么对于孩子来说，他们的"社会生活"就是学校生活。

前面镇炯母亲叹息道："对镇炯的学习并不贪心。"其实，这句话也有些道理。事实上，镇炯母亲现在压根就没有时间去关心孩子的学习。因为镇炯事事消极，动不动就和同学打架，甚至还会和老师唱反调。这些就足以让母亲殚精竭虑，根本没有心思再去考虑孩子的学习了。所以，她不得不每天都集中精力于孩子的生活问题，比如，"不能在学校打架""要好好听老师的话"（当然，这个也很重要）。但细细想来就会发现，这些问题的起源，不都是因为镇炯不重视学习吗？

能否从学校生活中将"学习"抹掉呢？

如果将学习排除在孩子的生活之外，会怎样呢？让我们来看看镇炯的一天。早上起床，镇炯一想到要去学校，立刻就满脸愁容。听到妈妈说"在学校和同学们玩得开心点再回来吧"，镇炯叹了口气。

"上学有什么意思呀！一点意思都没有。"镇炯嘟嘟囔囔地走进了教室。第一节就是他最讨厌的数学课，看到其他同学积极举手发言的样子，镇炯开始渐渐厌烦起来，总感觉整间教室里只有自己什么都不知道，很丢脸。然后他开始觉得："唉，真的好无聊啊，学数学有什么用？我有这时间还不如去操场踢球呢！"

镇炯正呆呆地望着操场，耳边猛地传来了老师尖锐的声音："在看什么呢？镇炯！你来回答下第三题！"镇炯被老师的话吓得一机灵，赶忙回过了神。"唉，老师怎么总问一些我不知道的问题啊？还是只有我不知道？"想着想着，心里莫名地烦躁起来。这时同桌真淑用手指了指书，小声说道："这个！这个！63！"听罢，镇炯突然心里腾地一下涌上一股怒气，向同桌吼道："我知道的好吧！你不要把我当傻瓜！"镇炯觉得此刻连同学都在嘲笑他，不由得怒火中烧。

但镇炯内心的真实想法，同学和老师并不了解。"你这是说的什么话呀？真淑是想帮助你，你平时对同学都这么没礼貌吗？"听到老师的责备，镇炯再也忍不住了，他流着眼泪说道："我实在太讨厌上学了，一点意思都没有，为什么大家只对我这样呢？"

类似的事在镇炯身上经常发生，于是他变成了大家口中的反面教材，如果要说到谁有"社交障碍""注意力不集中"或"与老师唱反调"等问题，大家一定会异口同声地提到镇炯。当然老师和父母也会语重心长地告诉他，"不要乱发脾气""对待同学友善些"，但这些反复的劝导在镇炯身上完全行不通。事实上，镇炯身上的所有问题的症结，本质上，都与他在学习中的自尊心得不到满足有关。

"我什么都做不好！"那些在害怕边缘徘徊的孩子

所谓自尊心（或自尊感），简单来说，其实是一种态度，一种对生活中出现的各种问题时刻保持自信的态度，一种在面对任何问题时都对自己有高要求的态度。自尊心就像一棵大树的根，它坚毅而牢固地深埋于孩子的心里，它是所有勇气的源泉，它是成长的基石。那些自尊感高的孩子，更能直面生活中的困难，正视性格中的缺点，并且加以突破和改正。

相反，若树根脆弱，可想而知自然是经受不住狂风骤雨的击打。那些自尊感低的孩子，他们常常为了别人眼中的自己而卑微地努力着，忐忑地生活着。他们的自尊心是脆弱的，他们的性格是懦弱的，一句旁人的话，就能让他们的心情跌入低谷，失去斗志。

那么，自尊心和学习究竟有什么关系呢？

自尊心强的孩子，他们会为了成长去学习。对于他们来说，学习并不是令人厌倦的背诵，而是一个认识自己、了解世界的过程。当然，这也不是说自尊心是什么超能力，拥有它的孩子会有什么神奇的力量。相反，他们也会因为犯错而伤心，也会在无论如何都理解不了题目时绞尽脑汁，与普通孩子没什么两样。只不过在面对挫折和失败时，他们更豁达而已。弄懂一个原本不明白的问题，并从中获得快乐，会让他们不轻易放弃并萌生"再试一次！"的想法。即便有时取得的结果并不如意，他们也会安慰自己，"没关系，下次可以做得更好！"

但那些自尊心弱的孩子从学习的目标开始就不同。对于这类孩子，他们学习的目的可能是为了得到家长的称赞、老师的认可，亦或是能上一个大家耳熟能详的不错的大学。因而他们很容易陷入不安，"这次考试不及格怎么办？""被妈妈责备怎么办？"以此用紧张和害怕的情绪不断折磨自己。甚至一些孩子为了摆脱这种不安与害怕，选择回避学习。"我不要学习""学习没有必要"，尽管表面上他们声嘶力竭地大喊着，内心可能早已被恐惧填满。

当然，我写这本书的目的并不是想论述学习与幸福之间的关系。不能简单地认为，如果孩子对于学习的自尊感低，那么在生活中其他方面的自尊感也会很低。然而，在社会中这种现象的存在似乎也很难辩驳。特别是在韩国，孩子们的生活早就和学习密不可分，融为一体。孩子们放学后，一齐涌入补习班，早就成为了生活的常态，甚至有时想找一个一起去操场踢球的伙伴都相当困难。

至少我希望读这本书的读者都能知道这一点。事实上，我所见过的孩子们，他们比任何人都希望自己在学校过得好，他们不仅想和同学们玩得开心，也想认真听课、积极发言、得到老师的称赞。但与他们期望不同的是，一旦他们认为自身能力不足的时候，生活稍有不慎就会出现裂痕。因此他们在"我什么事都做不好"的想法下产生出了恐惧感。虽然在成长过程中，绊脚石必不可少，但是如果遇到困难，头脑中类似于"即便我爬起来继续走，还依旧会摔倒"的这类想法占据主导地位的话，孩子们就会因为恐惧而放弃。这时他们放弃的不仅仅是学习，也是在不知不觉中拒绝了自己的成长。

第二节
孩子讨厌学习的 7 个理由

那么，为什么孩子在学习上的自尊心会不足呢？就像人们的自尊心并非与生俱来一样，学习上的自尊心也是如此。那些自信感爆满的孩子，常会抱着"只要我努力，就可以做得更好"的想法去进行每一次尝试。有时为了获得更大的满足感，还会主动对自己发起挑战。于是，学习上的自尊心就在这样的过程中，自然而然地形成了。

相反，在学习上自尊心不足的孩子，他们总会将学习与负面情绪紧密联系在一起。一听到关于学习的话题，就会皱紧眉头说道："反正我也不行。"在他们眼中，学习就等同于"我不行"，等同于一件很烦心的事。更有甚者认为，学习反而会妨碍自己。那些在学习上自尊感低的孩子，通常认为自己讨厌学习也是有原因的。下面列举的，就是孩子们给出的几条理由。

1. 放弃成为一种习惯
"反正我也做不到"

曾有一段时间，韩国很多孩子都放弃学习数学，社会上出现了"数抛者"这一新造词，并迅速流行了起来。而如今，"今生亡"又渐渐成为了当下流行语。所谓"今生亡"，就是"今生已经完蛋了"的缩略语。孩子们似乎不仅放弃了数学，还放弃了对生活的希望，听来不禁让人扼腕叹息。对学习敬而远之的孩子，把"反正我也不行"当成了口头禅，凡事还没开始，就断定自己做不到。对于那些习惯了放弃的孩子来说，他们甚至不愿意为学习付出一点点。

2. 妈妈总是唠唠叨叨

"反正，妈妈也会发火"

将放弃当成一种习惯的孩子们说，他们一听到"学习"头就疼，是因为他们早就预测到了即便自己去做也达不到父母想要的那个结果。还有的孩子说："我也学习，但就是成绩不好。""对于学习，妈妈总是唠叨个没完。"每次考试成绩出来，他们甚至都能预料到妈妈会说什么话。"你就能考这点分？你就能做到这些？"虽然我很想说："如果努力学习，提高了成绩，妈妈不就不唠叨了吗！"但是这些话对他们来说是没有用的。因为他们即便努力学习了，也是为了不想再听母亲的唠叨，对于学习本身并没有什么期待，所以这种劝导行不通。

3. 学习对人生没有什么帮助

"学习用来干嘛？"

孩子们常会问："老师，我们学数学是为了干嘛呢？计算可以用计算器，我们为什么还要学这些复杂的公式呢？""老师，现在翻译器这么先进，不论我们说什么都能立刻翻译出来，那为什么我们还要学习英语啊？""做网红也能赚钱"。对于这些在学习上自尊心低的孩子们来说，学习对于生活没有什么帮助。这些平常根本不知道所谓"实用性"是什么的孩子，现在为了让自己的观点合理化，也表现出拒绝学习的样子。

4. 周边没有喜欢学习的人

"没有人喜欢学习"

在学习上自尊心低的孩子们一直习惯着"学习 = 无趣"的公式。他们的理由很简单——在生活中他们从未见过喜欢学习的人。"谁会喜欢学习呢？"每天回到家，妈妈在玩手机，爸爸也是一样，除了看电视就是玩游戏。"他们都不看书，为什么就让我读书呢？读书多没意思。"其实孩子说得没有错。如果大家都在笑着看电视，却偏偏命令孩子去写作业，面对此情此景，学习这件事哪里还有快乐可言？

5. 学习，是一些特定的人擅长的事情
"学习实在太难了"

有些孩子认为，不是谁都擅长学习。他们觉得学习好的人，永远是特定的那几个人，而非自己。"明明每天上同样的课，听相同的内容，但是我们班的恩淑每次考试都是第一，每次都得满分。我也在学习，但一次满分都没得过。我永远做不到像恩淑那样。"孩子们一边说着，一边摆着手示意自己做不到。

6. 不知道学习的方法
"那应该怎么去学习呢？是不是只要背诵就可以了？"

让人出乎意料的是，大部分孩子都不太了解学习的方法。"先背下来"这句话听得太多，以至于不论遇到什么学习问题，他们都会先去背诵。但对于内容的含义却一无所知。因为习惯了在妈妈或是补习班老师的指导下去学习，所以当孩子自己主动学习时，往往不知该如何下手，常常手忙脚乱。

7.反抗妈妈的工具

"不要，我就不学习"

"只要考试成绩还没出来，我就不能出门，妈妈连朋友家都不让我去！"对于孩子来说，学习成为了自己的障碍。如果妨碍了正常生活，还有谁能抱着愉快的心情去学习呢？甚至有的孩子把不学习当作反抗妈妈的一种手段，他们说："现在妈妈连游戏都不让我玩了，哼！我也会。我也要放弃学习！"当妈妈拿捏到自己的弱点后，孩子们也展开了反击。因为他们知道，妈妈最害怕的就是自己不学习。

第三节
所有的一切都源于父母的语言

"究竟哪个环节出错了呢？"

为什么有的孩子在学习上耐心努力，而有的孩子在经历几次挫败后，就对学习敬而远之呢？事实上，即便孩子遭受了几次挫败，被妈妈训斥，学习上的自尊感也不会突然下降。自尊感它不是一下子建立起来的，当然也不会一下子就崩溃。所以，经过长时间积累建立起来的，才是学习上的自尊感。

孩子的思维习惯，源于父母的话语

一天，我突然感觉髋关节有点发酸。一边回想着是不是自己撞到了哪儿，一边赶忙去了医院。医生说，由于平时我的"不当站姿"给了关节太大的压力，日积月累才引发了疼痛。这时我才意识到，"啊，怪不得小时候大人不让小孩子把重心只放在一只脚上，原来是这个原因啊"。后来，我开始有意识地去变换姿势，但改变的过程并不容易。稍不留意，身体就会在不知不觉间回到了当初最舒服的姿势。

习惯竟如此可怕！即便每次我都会两脚用力，努力以最正确的姿势站着，但习惯足以让这些努力付诸东流。每天多次的无意识的习惯性行为，已经足以对我们的生活产生巨大影响。虽然结果可能不是立竿见影的，但是绝对不容小觑，因为坏的习惯一旦形成，往往很难再去改变。

当然，除了生活习惯，最重要的还有思维习惯。看到同一个水瓶，有的人认为"瓶子里还有一半的水"，而有的人则认为"水只剩下一半了"。像这样，如何看待世界的方式就决定了我们的思维习惯。学习上的自尊心也是一样的道理。遇到困难时，不论是"再试一次"意志坚定、热情高昂地继续尝试，还是"我做不到""这次也失败怎么办？"这类轻易放弃的想法，都是由孩子无意识的思维习惯决定的。

那么，决定孩子思维习惯的又是什么呢？答案就是"话语"。自己努力时听到的话语，成绩不理想内心受伤时听到的话语，以及平时在学习问题上听到的话语，都会一点点影响孩子的思维习惯，其中妈妈的话语影响力更大。因为妈妈作为养育者，与孩子的关系最为亲密，孩子更想与妈妈一起分享自己的隐秘情感。考试考得还不错时，最想分享这份喜悦给妈妈；成绩不理想心里难受时，最想得到的也是妈妈的安慰。像这样，当孩子分享在学习上出现的隐秘情感时，妈妈和孩子的对话会对孩子的学习自尊心产生极大的影响。

那些伤害孩子学习自尊心的话语

那么，学习自尊心低的孩子们一直听到的是什么样的话语呢？我对他们进行了提问："究竟大人的哪些话让你们讨厌学习？"下面就是孩子们给我的答案。

"为什么这么简单的问题你都不会解？"
"呀！这个是……赶紧记下来。"
"你还是个学生吗？"
"这么下去，你长大还能干点什么？"
"只有学习不好的孩子才会这么做！"
"你这个样子究竟遗传了谁？"
"学习不好，就不要想着再去玩手机！"
"呀！你找死啊！"
"你为什么要这么活着！"
"有时间不去学习还有心思打游戏？"
"你脑子到底干嘛用的！"
……

这些真的是孩子们经常听到的话吗？说实话，他们的回答，着实吓到了我。随后，民教告诉我："这当然是真的，而且爸爸每天都会说我是个榆木脑袋。"听完孩子们的讲述，我开始渐渐理解他们为什么那么讨厌学习了。我甚至认为孩子们表现出的那些厌学的行为是正常的，是可以理解的。试想如果每天都遭受来自父母这种人格上的语言攻击，还有谁会喜欢学习呢？

责备的话语，只会增加孩子内心的不快

在那些降低孩子学习自尊感的话语中，其实有许多共同点。首要的相似之处便是指责。"呀！你找死啊！""你为什么要这么活着！""有时间不去学习还有心思打游戏？"这些话语只有满满的指责，没有任何共情和建议包含其中。当然，父母肯定也会用自己的一些理由去辩驳。"孩子还小，还不了解外面的世界，也不知道学习的重要性。我宁愿现在对他严厉些，让他受点刺激，也不想他在以后后悔，埋怨我。"民教父亲无可奈何地说道。

但遗憾的是，与父亲描绘的愿景不同，民教说："爸爸凶狠狠地看着我，说我是榆木脑袋。"说到这儿，民教

的脸上充满了不满、烦躁、恐惧和羞愧。如果按照父亲的意图，民教听完爸爸的话之后，会受到些许刺激，进而去努力学习，但现实却事与愿违。现在别说是努力了，他对学习的反感反倒更深了。所以说，想要通过责备的言语刺激去促使孩子努力学习，其效果并不会很理想。出于得到父母认可的目的，或是为了被无视自己的人所认同而去学习，这样的学习只会是一种被动的行为，而不会转化为主动的力量，更谈不上实现自身的成长。

由于这些话令孩子们太过伤心，所以他们有时甚至记不清当初是出于什么原因受到责备。相反，他们所感受到的难过、羞耻、恐惧等情感，反而会持续很久，最终影响到学习上的自尊心。所以，对于孩子而言，他们需要的不是指责，而是一些其他的话语。

"你不行"的咒语，包含限制的那些话语

那些破坏学习自尊心的话语中，第二个共同点就是包含着限制。学习自尊心较低的孩子们，就像宿命论者一样，说着"老师，反正我不行""反正会被妈妈教训"的

话语，他们好像能预知未来一般。对于这类孩子，类似"不试试怎么知道""这次可能会不一样呢！"，这样的劝导并没有多大的用处。

我看到孩子们给我递过来的纸条，突然间就理解了他们的行为。

"你就是这样了。"

"长大后还能干什么？"

"你真是无可救药。"

这些话似乎在告诉他们，"你什么都干不了"，如同魔咒一般。听到大人这么说，孩子会作何感想呢？他们会认为"反正我什么也做不了""反正努力也没有用"。就这样，给自己画地为牢。

另外，这些话还会让孩子停止思考。"我可能没办法解决这个问题"，给自己设定了界限的孩子，不会再去试图寻求新的改变或是尝试新的想法。斯坦福大学心理学教授卡罗尔·德韦克（Carol S.Dweck）强调称，一旦孩子们的这种想法成为固定思维模式（Fixed mindset），它们便会成为孩子潜力发展的障碍，给孩子的成长带来不利影响。

包含限制的话语会阻碍孩子的发展。要想挖掘潜力，话语中应该包含变化和可能性，而非是局限。

"父母的心理创伤会延续吗？"包含父母学习障碍的话语

"我也不知道为何，就说出了这样的话。"

"我也对丈夫说过，不要对孩子那么说话。但他就是不听，我也很难过。"

我遇到过许多孩子的母亲，都曾自责、难过地说："没想到无心说出的一些话，竟然给孩子带来了这么大的伤害。"但是，在说这话之前，或者在指责配偶说话不当之前，我认为她们首先要考虑的，应该是自己的学习障碍。

何为"学习障碍"呢？学习障碍就像对学习感到自卑的情绪一样。**与学习相关的艰难经历，使父母将某种消极想法或信念深深扎根，而后，无意识地对孩子产生影响。**比如，智敏爸爸的学习障碍是"经济支持"。智敏父亲由于小时候家里贫困，自己没有机会学习，所以他会在智敏的教育上不惜一切代价去支持。

　　父母能给予孩子支持固然很好，但是经常说："给你花了这么多钱，成绩却还是这样！"冷嘲热讽地对待孩子，并不会取得期待的成效。当然，还有一些父母的学习障碍是"名校情结"。比如京民母亲，当看到同龄人在职场上顺风顺水、升职加薪，她就会经常对京民说："你只有考上名牌大学，才不会被其他人无视。"

　　像这样，那些曾在学习中经历的艰辛，让父母在之后多少留下了些自卑感，但也有相反的情况。在对待智勋的学习上，父亲只认可第一名，因为他在学生时代常常是第一名，父母常会对他说："社会只会记住第一名，没有人会在乎第二名。"这些话他听得耳朵都出了茧子，并且深深地印刻在了心里，所以智勋父亲也原封不动地将这种观点传递给了自己的孩子。也正因为如此，只要智勋考了班级第二、三名，父亲就会认为他没有努力学习，从而狠狠训斥他。所以说，如果作为父母，不知道自己的学习障碍是什么，就会在无形中影响你和孩子的关系。

　　"老师，听您讲完的当天还好，可第二天那些话又脱口而出了。"我也很后悔那些无意间对孩子脱口而出的话。"就像食物再怎么精致，如果不符合自己的口味，也是没有任何用处一样的道理，无论是多么好的内容，如果自己没有理解消化，那些所谓的道理对自己而言，也是毫无价值。

为了对孩子说错话后不陷入无尽的后悔和愧疚，父母首先要做的，就是找到自己的学习障碍，回顾下自己在以往的学习过程中，曾经遇到过什么痛苦的经历；关于学习，自己有些哪些狭隘的观点，需要先对自己有一个深入的了解。如果了解了自己和孩子的学习障碍，再对孩子说"为什么除了这个你什么都不会！"之前，你也许就会敏锐地察觉到问题所在，这样，改变才有可能真正开始。

"对于学习，我的障碍有哪些？"

"我现在给孩子传递了怎样的信息？"

第四节
主动学习，才会有源源不断的动力

　　某个安静的清晨，一位老爷爷听到窗外孩子们的嬉戏吵闹声，不禁皱起了眉头。原来村里的小孩们，正在自家门口的空地上，开心地踢着足球。原本寂静的清晨，就这样被打破了宁静。老爷爷想让孩子们去其他的地方玩耍，于是对他们说道："孩子们，不是还有很多比这里更大的空地吗？感觉在那里踢球会更有意思！"而后，一个孩子回答道："不是的，我们也去过其他地方，还是这里最有意思！"看着这些根本不打算去其他地方玩的孩子，老爷爷不由自主地叹了一口气。正思考着如何才能让孩子离开，一个不错的办法突然闪现在脑海中。爷爷微微一笑，而后说道："原来如此啊，真是万幸。其实这段时间爷爷一直很孤独，看到你们玩得这么快乐，我的心情也忽然变好了。我现在有一个提议，你们能答应吗？只要每天你们都来这里玩球，我每天就给你们1千韩元表示感谢。"

踢足球本来就很有趣，现在还能赚到零花钱，一时间孩子们都高兴极了。于是，孩子们每天都会过来玩球，而后在爷爷那里领零花钱。就这样过了几天，爷爷突然一脸抱歉地对孩子们说道："孩子们，对不起啊，我仔细想了想，觉得每天给1千韩元的话，对自已来说好像太过勉强了些，毕竟我本身也没多少钱。不如这样吧，以后每天给你们500韩元，你们以后还是会过来玩的，对吧？"话音刚落，孩子们脸上的表情明显有些失落。"对不起，爷爷，500韩元实在太少了，我们还有很多可以玩的东西，不能总在这里玩了。"

真的很奇怪吧？当初孩子们踢球明明不是为了得到钱，只是觉得踢球有意思。但是开始收钱后，玩足球的乐趣反而减少了。最终，以其他娱乐项目很多为由，拒绝了爷爷，不再去空地了。那么，孩子们为何会突然不去踢球了呢？他们明明曾经是那么喜欢。

事实上，这个故事是介绍外在动机的典型例子。这里说的"动机"就是我们开始做某件事并持续下去的动力。因为肚子饿所以去吃饭，由于喜欢美术所以去绘画，为了不被老师责备所以写家庭作业，这一切的行为都和"动机"息息相关。有些行为即使没有任何人要求，我们自己也会开始，并表现出持久的毅力；相反，有些行为被迫开始，也会很快就被放弃。即便做所有事情时都存在动机，但动机是主动还是被动，也会让我们的行动有着天壤之别。

"奖励与惩罚"，损害学习自尊心的毒药

通常我们把为了得到称赞或奖励，或是为了免于惩罚称为做某件事情的外部动机。"学习不好，就会被老师责骂""妈妈说这次考试如果进了班级前五，会奖励我一个手机"，说这些话的孩子们全部都是因为外部动机在学习。

事实上，韩国的大部分孩子都是出于某些外部动机在学习。父母打出"奖励与惩罚"这张牌，也是出于强烈

的外部动机。即便是平时厌恶学习的孩子只要承诺奖励手机，他也会坐在书桌前，背诵之前根本背不下来的英语单词，努力展现出爱学习的样子。当然我们不得不承认，这一切都得益于外部动机。

外部动机虽然效果显著，但是持续的时间不会太长。为了得到手机而认真准备考试，考试一结束就会很快放弃学习。如果妈妈说"这次成绩很好，继续努力"，孩子反而会问："妈妈，这次你会给我什么奖励？"

另外，带有半强制性的外部动机还会产生副作用。妍淑至今都还记得，妈妈强制送她去双语幼儿园时的情景，现在一提到学英语，她是咬牙切齿般地讨厌。小时候无力反抗，但如今她却可以声嘶力竭地大喊"不要，我不去！"像妍淑这样，拒绝学习，公然反抗父母的孩子还有很多，当然也有许多，没有勇气公开叫板选择其他方法对抗父母的孩子们。

慧琳母亲听学院的老师说，慧琳这段时间常常抄同学的作业，她信誓旦旦地反驳道，"我家孩子不是那样的人"，直到亲耳听到女儿哭哭啼啼地承认，自己为了不被妈妈和老师教训确实做了这样的事，她彻底崩溃了。

"如果你成绩提高，我会给你买这个""如果不做作业，就会挨骂"等，这些话虽然很容易督促孩子去学习，就算再讨厌学习的孩子，只要妈妈的一句话，也会立刻行动起来。但是，正如前面所说，其效果并不会持续很久。最终妈妈的话反而成为了一种唠叨，甚至会让孩子离自己越来越远。像这样，外在动机也许是让孩子立刻行动起来的不错手段，但效果不长、副作用大的缺点也相当明显。

而且最重要的一点是，外在动机并不能提高孩子学习上的自尊心。因为为了得到称赞而学习的孩子们，他们更容易将心思集中在看得见的成绩上。如果没能取得自己想要的成绩，得不到称赞，他们就会贬低自己的价值，说"我为什么是这个样子啊"，最终损害了学习上的自尊心。

"因为我想做"，有明确内部动机的孩子

所谓内部动机，是指因兴趣、快乐、成就感等本身而引发的动机。许多孩子愿意学习也是出于"因为有趣""因为我想做"等内部动机。可能有的父母会认为这样的孩子能有几个呢？但如果仔细回想，也许你就会发现，其实我们自己也曾有过出于兴趣、快乐而自主学习的

经历。

即便下雨，胜权也会去操场踢足球，对于这项运动，他是发自内心的喜欢。"踢足球的时候，常常不知道时间是如何流逝的"对于胜权来说，足球已经不单单是一项游戏。"胜权在练习传球时，如果没有达到自己的要求，他就会一直练习，直至自己满意为止，身上有一股'不破楼兰终不还'的拼劲！"胜权母亲一边看着正沉迷于足球解说比赛的胜权，一边说道。

智妍最近迷上了英语会话。和家人去海外的一场旅行，让智妍在学校学的英语派上了大用场，用英语和外国人交流，这有趣的经历令她对学习英语的热情更加高涨了。"用英语交流真是太有意思了。我最近在看一部美剧，感觉英语实力好像也提高了不少。"像胜权和智妍这类孩子，并非因为他们是怪人，所以才对学习感兴趣。即便无人催促，也要继续研究令人困惑的数学题；即便被妈妈送进了补习班，也能和老师一起愉快地学习，这些都可以看作是内部动机所带来的效果。

那么，内部动机较高的孩子们在学习上的自尊心是如何的呢？这些孩子会因为"我想学习"而更加主动，比起他人的称赞与认可，他们更注重自己的满足感和内心的愉悦，更关心学习会带给自己怎样的成长。即使取得的成绩没有达到自我预期，也不会轻易放弃，依旧一如既往地坚持，时刻带着自我挑战的意识。因此，内部动机高的孩子们，往往在学习上的自尊心也强，在学业上也能取得不错的成绩。

当然，韩国大部分学生学习是出于"妈妈说会给我零花钱""这次考好了给我买手机"等外部动机。看着这些为了新手机而瞪大眼睛学习的孩子们，可能大家会认为外部动机更有魅力，更有效果。但真的是如此吗？1971年，美国心理学家爱德华·德西（Edward L.Deci）在以大学生为对象进行的研究中，发现了金钱奖励的局限性。

在该项研究中，爱德华·德西将学生分为两组，于前后四天进行了三次实验。他为各组学生准备了7个索玛方块，玩家需要拼成指定的3个图案，实验室中，还摆放了包括杂志在内的多种读物。每次实验进行中，研究者都要暂时性离开，在离开的8分钟里学生们可以做自己想做的事情。

实验第一天自由活动时，两组都各自玩着拼图。到了第二天，研究者对A组的成员说，每拼成1个图案就能得到1美元的奖励。于是，A组突然就关注起拼图来。

研究者提出的 1 美元奖励发挥了效果。但是到了第三天，研究者突然对 A 组说，不能继续支付 1 美元了。那么，"不能再给钱"这句话究竟产生了怎样的影响呢？最后发现，得到奖励的 A 组和没有奖励的 B 组，在研究人员离开的 8 分钟里，就已经有所差异。

从一开始就没有收到金钱奖励的 B 组，还像以往一样玩着拼图；但是曾得到过 1 美元的 A 组解拼图的时间比第一天减少了 1 分钟，比第二天减少了 2 分钟。就像前面提到的踢球的孩子与老爷爷的故事一样，在这个实验中，诱发外部动机的金钱奖励，反而对结果产生了反作用。

"爱好和兴趣"就是内部动机吗？

那么，我们该如何激发出比外部动机更强、更持久的内部动机呢？只要孩子们觉得有趣，是不是就算激发了内部动机呢？其实并非如此。举个例子，让爱玩手机游戏的孩子每天都记录下游戏的时间和比赛结果，在确认完自己的成果后，写省察日记。随后开始制订未来 10 年、20 年后的计划，并记录下来，到最后究竟有多少孩子会说游戏有趣呢？只有 10%，其余的孩子都说："以后不玩游戏了，没意思。"

其实，真正的内部动机凌驾于爱好与兴趣之上。为什么这么说呢？首先让我们一起回忆下大多数人的兴趣爱好吧！大家刚开始可能会购买各种工具和设备，但不知从何时对它们的兴趣就消退了，最终这些物件只堆积在仓库里，积满了灰尘。当然，兴趣的确可以成为激发内部动机的起点，但是为了具备长久不衰的，坚固的可持续性，我们更需要的是超越兴趣的东西。对此，心理学领域有一个备受瞩目的理论，就是前文提到的实验设计者爱德华·德西（Edward L.Deci）和理查德·瑞安（Richard M.Ryan）提出的"自我决定论"。

坚固内部动机的三种需求

所谓"自我决定"理论，是指自己设计自己人生的某种能力，让自己成为生活的主人，思考如何度过自己的人生，并为之做出决定。如果是前文说的具有内部动机的那类人，那么，他们很有可能具有这样的能力。德西和瑞安称，人类天生具有自我成长的能力，具有综合潜力。但是，我们并非都能一直按照自身的愿景生活下去。有些人会自主地选择生活，成为生活的主人。但是，有的人即便想主动生活，也会因为各种客观阻力让自己举步维艰。所以，两人又对该理论附加了条件，即"心理需求"。他们称，人只有具备了充足的心理需求才能真正地、能动地掌握自主的人生。

种子若要发芽，光靠自身的努力是不够的。即便是能长成百年大树的种子也是一样，如果没有肥沃的土壤、适当的阳光、水分、肥料，它们可能无法发芽甚至还会腐烂。人类也是如此。即便我们有着无限的潜力，但是若没有被挖掘和发挥的机会，那自然是无法实现自身成长的。德西和瑞安提出的"心理需求"也是一样。

他们认为，就像为了生存，人们要满足衣食住行的生理需求一样，自身成长也同样要满足 3 种最基本的心理需求。它们分别是：自主（autonomy）、胜任（competence）和联结（relatedness）。所谓自主，就是指选择、行为均由自己作主，不受他人支配。哪里出现问题，就通过学习独自解决这些问题。生活中，可以通过制订日程表的方式，让孩子意识到自身的缺失和自己的需求，这样一来，内部动机就会变大。

　　当然，制订了学习计划，但缺少做好的信心，孩子们也会轻易放弃。这时，需要的就是"胜任"。所谓胜任，就是发挥自身能力的过程中所感受到的需求。在解决符合自身水平的问题的时候，孩子会问自己："这个我能做吗？试一次？"抱着挑战的想法，一旦他们成功了，这种喜悦是无以言表的，孩子们就是在这样解答未知、获得喜悦的探索过程中，形成了自我胜任的能力。

　　当然，还有同样重要的一点。为了让孩子能学会自主和胜任，周边人的鼓励和信任不可或缺。只有这样，孩子们才会更加愉快地为自己的成长努力。这便是联结。联结是指通过与他人的相互信任，感受到的某种纽带感和稳定感。如果在学校里，孩子能和老师、同学相互产生纽带感，他们会更加愉快地参与各种活动，当然也包括学习在内。这就好比孩子因为喜欢数学老师而努力学习数学一样。

　　那么，这些心理需求是如何得到充分满足的呢？德西和瑞安称，人们通常都有这些心理需求，但却不能充分达到满足。就像为了能完全感受到自主和联结，应该调整环境，为了感受到胜任能力，应适当去解决那些符合自身水平的问题一样。要想充分地满足心理需求，适度调整环境至关重要。

本书为了增强孩子在学习上的自尊心，具体介绍了父母的哪些话语可以增强自主性、胜任感以及关系联结。本书还集合了过去数十年的研究结果和被证明的科学方法，并且以许多孩子成长经历为案例，尽可能清楚地描述作者的观点。如果说父母的话语可以一点点塑造孩子，希望这本书中所介绍的父母的语言，能够帮助父母在孩子的成长过程中添砖加瓦。

第二章

母亲的对话法——培养
自主性

自主学习才会更长久

　　自主性绝不是说父母放手，让孩子随意行动、为所欲为，这种行为实则更接近放任。

　　相反，真正的自主性是有原则的。

　　我们需要按照自身的标准来制定相应的准则。

　　当然，如果在具体实行过程中发现了问题，也可以果断放弃。

　　那么，作为父母应在其中扮演什么角色呢？

　　父母要做的就是帮助孩子树立自己的原则。

第一节
帮助孩子树立自己的原则

"沙沙沙"

"这是什么声音？"我怀着好奇心走进了休息室。此时，郑元正坐在桌前，面前铺满了糖纸。"哎呀！郑元，这些都是你一个人吃的吗？看来你很喜欢糖啊！一次就吃这么多没关系吗？"自小患有小儿麻痹症的郑元，抬头看了看我，说道："老师，我和妈妈约定过不会在教室里吃糖，但这里不是教室，所以我就按照自己的想法做了，不可以吗？"

"我就按照自己的想法做，不可以吗？"

"我就按照自己的方式生活，难道不可以吗？"

这是孩子们经常提出的疑问。他们郁闷地抱怨说，为什么自己的人生不能按照自己的意愿，总是事与愿违，为什么自己不能随心而活呢？为了发泄内心的不满，甚至于一些孩子还会公然地忤逆父母。志勋便是其中之一。听到班主任老师说自己的孩子一直在课堂上捣乱，志勋母亲觉得不能就这么算了。"志勋！学校是学习的地方，你不是答应过我上课时间会认真听讲的嘛！不许妨碍同学，好好听课！"

母亲本以为会听到"我知道了""下次不会了"之类的回答，却不想志勋竟说出了这样的话："妈妈，我没和你说过想去上学啊，一直都是你要求我去的。而且我也没答应过在教室里老老实实。我从来都没说过！"听到孩子的话，志勋妈妈估计也忍耐到了极点。"好吧，随你的便，不管你以后能去哪所学校，去网吧玩游戏也好，还是怎样，你都自己决定吧！"志勋母亲哽咽着诉苦道："老师，这孩子怎么能这么说话呢？就算是青春期，这也太过分了吧！即便想要我们做父母的去听他的想法、尊重他的意愿，也得有个度啊！如果任由他为所欲为，最后会变成什么样子啊？"

别着急，先问问孩子的内心想法吧！

养育过程中，尊重孩子的自主性至关重要。我想世上没有任何一对父母会去阻止孩子自主思考、自主做决定。父母都希望自己能帮助孩子，让他们学会承担起责任，成为自己人生的主人。这种想法的确没有错，但是我们很容易忽略一个重要的问题：自主性究竟是什么？就像"为什么我不能按照自己的意愿，随心所欲地生活？"这句话一样，难道完全跟随孩子心意才算是尊重了孩子的自主性吗？实则不然。接下来，我们就先从自主性的含义来做一点点的说明。

> 自主性：根据自己的原则做某件事，或能够自控的性质或特性。

自主性绝不是说父母放手，让孩子随意行动、为所欲为，这种行为实则更接近放任。**相反，真正的自主性是有原则的。我们需要按照自身的标准来制定相应的准则。当然，如果在具体实行过程中发现了问题，也可以果断放弃。**

那么，作为父母，我们应在其中扮演什么角色呢？父母要做的就是帮助孩子树立自己的原则。让孩子能清楚地认识到自己现在所处的状况，告诉孩子哪些行为可以做，哪些不可以做。

"这次数学成绩和上次差不多，再多补习一次如何？你知道妈妈的朋友美英吧？听她说有一个新开的补习班，那里的老师教的还不错。怎么样？和妈妈一起去看看？"汝珍总是因为自己的数学成绩不理想而焦虑，看到妈妈为此而投来的关心的眼神，她惭愧地低下了头。"汝珍，没关系啊，数学打好基础就可以了，我们先去美英说的那个补习班看看，妈妈也会尽力帮助你的。"

乍一看，这段母女间的对话好像没什么问题。妈妈察觉到了孩子难受的情绪，为了帮助孩子，似乎已尽了最大努力，而且还询问了汝珍的意见，听取了孩子的想法。一切看似再正常不过，但这里也存在着问题。那么，问题究竟出在哪里呢？

"我很清楚什么才是对孩子好，就像报补习班，这也都是为了汝珍。"汝珍妈妈的话也没有错。毕竟父母有时可以很敏锐地察觉到孩子的不足和需要改进的地方。但这里我们误解了一个问题：孩子的自主性并不是按照父母的想法就能培育出来的。

"我很清楚什么才是对孩子好"，这句话中包含了母亲对孩子自主抉择的不安。因为觉得这样下去孩子的成绩会下降，所以感到不安。汝珍母亲抱着"孩子多上几个补习班就会自主学习"的想法，动用了自己所有的力量去了解补习班。当然，我也非常理解这位母亲的心情。"孩子现在之所以落后，是因为我作为母亲，之前做得不够好。"但汝珍母亲或许不知道，这种想法只会让女儿更加痛苦。其实这个时候，我们更应该想清楚一些事情。

第一，妈妈的焦虑和不安会原封不动地传递给孩子。

汝珍可能会因为成绩不理想而难过。如果这时妈妈看到成绩下降变得焦虑会怎样呢？我想，只会增加汝珍内心的不安罢了。"以后不会也是这样的成绩吧？这样下去考不上好大学怎么办？也找不到好工作，如果真的是那样该怎么办？"其实这只是一次考试而已，代表不了全部。而诸如此类的想法只会使孩子坠入惶恐的深渊。

第二，自主性力量的体现开始于孩子自身产生控制感。在那些经过独自思考和抉择之后取得成就的经验中，孩子感受到"我做到了"的喜悦，而这种经历，正好可以激发自身的主人翁意识，提升内部动机。但是，如果选择不是自己做的，而是经过妈妈指示的，又会怎样呢？即使成绩再好，快乐也只会是暂时的。"我自己做不了决定，以后只能遵照妈妈的指示。"这样的想法只会令孩子自身更加不安，觉得得到妈妈的认可才是最终目的。那么，所谓的内部动机又从何谈起？

第二节
倾听过后，一定要对孩子的话语产生共鸣

　　自主性并不是放任孩子随心所欲，也不是妈妈一厢情愿就能培养的。那么，自主性到底该如何培养呢？让我们一起来看一看，培育孩子自主性时，妈妈应该遵照的五个原则。

> 对话：面对面交谈

　　父母在和孩子对话时，有几点需要特别注意。**首先，对话并不是审问，不是单向的一问一答。**通过这种方式，

家长是不会真正了解到孩子的真实想法的。真正的对话，是在平和且平等的状态下互相交谈。不仅是提出困惑，回答的过程，更是一个表达自身想法的过程。这样的对话，不仅需要稳定平和的氛围，还要以双方互相信任为基础。只有孩子首先相信"不管我说什么，对方都会先听我的故事"，他们才能说出自己内心的真实想法，与父母进行交流。

其次，特别是对于幼儿期和青少年时期的孩子们来说，体验到信赖感至关重要。只有体验到对自己的信任，对他人的信任，对世界的信任，孩子们才能走出世界，充满自信地与人合作，为了做出最正确的决定而努力。但如果连最亲近的父母都不能倾听孩子的想法的话，孩子们又会作何感想呢？就像"狗急跳墙"这个词一样，一旦孩子认为自己不管怎么说都徒劳无功的时候，他们会逐渐闭嘴或是为了避免某些状况而选择撒谎。如果这个时候，家长再抱着"嗯？现在都开始反抗妈妈了吗？"的想法，那就大错特错了。当恐惧、不安、愤怒等情绪涌上心头的时候，做出理性的思考和判断，对大人来说都十分困难。在生命受到威胁、大脑接收到自我保护的某种"信号"时，我们也会为了保护自己，自然而然地选择回避。孩子们也是一样。这是天性，如果被父母追究，孩子就会陷入恐惧。即便勇敢地说出内心的想法，也没有任何收获，所以他们会选择沉默，隐藏最真实的想法。在孩子自我信任感形成时期，一旦产生了类似于"我说了也没有用"的想法，那么，孩子对于自身的信任也会减少。

我们再来想一想。我们和孩子是否进行了真正的对话呢？还是说，打着对话的名义，只听信了他人的话（比如，班主任老师等），就轻易去猜测孩子的想法，或断定自己已经了解孩子的全部？

孩子们常会根据周围人对自己的态度来对待自己。当我们展现出尊重、愿意倾听他们想法的态度时，孩子们也会产生相信自己、说出自身想法的勇气。因此，**培养孩子自主性的第一个原则就是"无条件地相信"。**

稍等！请小心这个！

✕ **断定：**"今天班主任老师说，你课上和佑娜一直在说话。"

> ✗ 猜测："为什么一提到写作业就说头疼呢？是在一直装病吗？"
>
> ✗ 追问："今天在学校什么事都没发生？真的吗？你不能诚实点吗？"

让我们回想一下之前的事例。如果志勋母亲对志勋课上吵闹的行为，只是一味无条件的训诫，那肯定是行不通的。这么做会让志勋觉得，"为什么连妈妈都不听我说话，不能理解我，她和老师一样，只知道责备我。"说不定他会捂住嘴和耳朵，拒绝进一步交流。像这样，在妈妈和孩子都响起了情感警报的状况下，理性对话是无法实现的。**这时，应该先说"原来还有这样的事啊？"，先舒缓下节奏，再进行下一步对话。**"竟然还有这样的事？"这简单的一句话就会让孩子觉得："哦，原来妈妈在认真听我说话"，话语虽简短，但却足以证明孩子寂静向家长打开了原本紧锁的内心世界。

"我觉得你不会无缘无故那样做吧？"，希望通过这句话敲开孩子内心世界的大门。这样的话语并没有指责孩子的成分，只是对孩子的行为感到好奇而已。相反，"你为什么要那么做！"这样的话语，听起来更像是对孩子人格上的指责。它很难让孩子向妈妈打开心扉。

处于不安、害怕等情绪中的孩子，他们最需要的是安全感。有人好奇他们的内心想法，有人愿意向他们伸出援手，一旦他们感觉到了母亲行为中透漏出的这种安全感，他们就会打开内心之门。只有"安全"被保证，孩子才会去开始"思考"这个高层次的过程。

"是啊，我为什么会和同学吵闹呢？"

当然，孩子们也会狡辩或说谎，然而这些都是他们感到某种不安的表现。这时作为家长，如果一味地以说谎为由，追究、教训孩子，那么孩子会很容易认为："你看，我想的没错吧！"而后，将自己的内心再次隐藏起来。所以这个时候家长要做的，就是给孩子一些时间。

如果想要避免孩子发生这类情况，我们首先要了解孩子的情感。作为母亲，比起自身想要表达的，了解孩子的心意更加重要。**"原来志勋没有那么做啊！你一定很委屈，所以才会生气吧？"**这样的话并不包含对志勋的行为正确与否的评价或者判断，只是一种对志勋内心想法的推测性表达。但是，只要从妈妈那里听到这样的话语，孩子就会觉得："原来妈妈理解我的心情啊！"

妈妈的话语（问与答）

问：相信孩子的话，真的好吗？

答：当然，从父母的立场来看，也许会担心无条件地相信孩子，会让孩子的习惯变得不好。在这里提到的要无条件相信孩子，并不是因为孩子的话都是对的。即便孩子有错误的行为，也许也是有一些理由的，所以首先我们选择相信，给孩子一段时间，直到他们愿意主动说出一切。换句话说，不要因为孩子撒谎狡辩，就认为这个孩子是个撒谎精，一生都会说谎。如果我们理解了孩子是因为内心不安而撒谎搪塞，然后对孩子抱有一定的信任，我想，他们最终也会向父母袒露心声。

孩子的理由，你好奇吗？

妈妈："啊？原来还有这种事？可是我们志勋好像不会无缘无故在课堂上和同学吵吵闹闹呢，到底发生了什么事？"

Tips

妈妈的共鸣秘诀，换用连接词

如果您的孩子还处于高度紧张的状态，那么，义正言辞地说出一些判断性的话语，只会增加孩子的不安，起不到缓解的功效。在这里，我给大家介绍一种能与孩子内心产生共鸣的简单对话法，即巧妙运用连接词。与孩子对话时，相比于"但是"，多使用"还有""那么"等连接词，会让孩子更容易接受。因为"但是"之后，绝大部分表达的都是妈妈想说的话语。而换成"还有""那么"会让对话衔接得更加柔和。

志勋："我没有那么做过啊！为什么只说我？"

✕ **妈妈**："哎呀！原来志勋没有做过呀！那你一定很委屈、很生气吧？**但是**，老师这么说也可能有她的理由吧？"

✓ **妈妈**："哎呀！原来志勋没有做过呀！那你一定很委屈、很生气吧？**那么**，老师是不是有什么误会，所以才这么说啊？"

第三节
不要指示孩子，要同孩子一起制定原则和标准

"老师，孩子总想着在饭店里跑来跑去，难道这也要放任不去管他吗？"常常会有一些妈妈问我类似的问题。答案当然是不可以。之所以会有这样的忧虑，可能是一些妈妈们隐约了解了自主性的含义，但并没有了解全部。事实上，为了培养孩子健全的自主性，父母应该告诉孩子正确的标准和范围，帮助他们在合理范围内做选择，并且为自己的行为负责。

> **健全的自主性 =**
>
> 妈妈的标准（设定界限）+ 孩子的选择

　　自我决定论的创始人德西和瑞安也强调自主性的界限设定。爱德华·德西在其著作中强调，容忍或放任某些不负责任的行为不是正确的自主性。与其说"随你便"，不如让孩子理解自己在世界上的各种权利，告诉孩子能做什么，不能做什么的正确标准。

　　那么，如何才能在不剥夺孩子自主性的同时，让孩子知道妈妈的标准是什么呢？**最好的方法就是家长和孩子一起制定标准。**比起老师或父母单方面告知班级规章、家庭准则等，通过会议的方式一起讨论，孩子会更有参与感，而后更加主动、更加努力地遵守规则。

　　但这也并不是说所有情况都要一起讨论。就像不能在餐厅里嬉戏吵闹、上课时不能妨碍其他同学一样，父母和老师有时需要亲自制定标准。而在这种情况下，**告知标准的方式则更重要。**

　　让我们重新回到在课堂上志勋与同学吵闹的例子。对"去学校并不是我的选择"的志勋，我们该说些什么才好呢？

首先，不要误解自主性的含义。"虽然是妈妈让你去的，但你也没有说过不去吧？"这样的回答是错误的，这反而会让你卷入孩子的错误逻辑中。就像在解释第一个原则时所说的那样，我们要充分听取志勋内心的想法，而后再去向他说明正确的行动标准。

就像孩子每天去学校有时会觉得有趣，但有时也会感到无聊。就像你喜欢一个朋友，但不会喜欢他的全部，或多或少都会有令你不满的地方是一样的道理，对于孩子们来说，也必然存在着他们讨厌的东西。**这时，不要以告知原则为由，无视孩子的情绪，评判他们的失误。**因为无论是谁，如果被强迫去做某件事，原本喜欢的事情也可能突然变得讨厌。所以，就算我们生气地说，"别人都去学校！""你不去，长大以后能干嘛！"，孩子也不会心甘情愿地去上学。

此时，作为母亲，**既需要理解志勋的内心，又要帮助他看清自己没有意识到的东西，这个时候，母亲的智慧就显得尤为重要。**首先，先去弄清楚为什么孩子不喜欢去学校。"没错，去学校有时真的很辛苦。妈妈小时候也有段时间不愿意去上学。""妈妈也和你一样，说过自己再也不去学校的话。"通过这类的话语表达，让孩子体会到共鸣与信任。

我们不要带着作为长辈对此事感到反感的情绪去说教孩子，而是站在孩子的立场上，设身处地想一想，才能逐渐打开孩子的心扉。接下来就是发挥妈妈们智慧的时候了。与孩子进行对话时，问问哪一点令他们感到辛苦。对孩子提出的想法，先做到共情，在承认孩子内心想法的同时，又要对孩子没有看到的一面进行说明，这样的对话才会有效果。

"本以为妈妈只重视我的学习，却不想她还告诉我交朋友也很重要，还鼓励我去学足球。"即便这期间志勋的脑子里有着"学校 = 学习 = 考试 = 无聊"的模式，和妈妈深入对话后，说不定就会有所改变，自身又创造出新的模式，即"学校 = 学习 = 主动学习 = 成长（学习、朋友、游戏）= 快乐"。

怎么样？承认孩子的情感，与其共鸣，对话内容也会相应地发生改变。"让我去学校的是妈妈啊！"这句话中，即便不去争论，我们也能清楚地知道令孩子感到痛苦的是什么。如果说，我们要重视和培养孩子自主性的话，构建这一框架的一个基本原则，就是父母应该去帮助而不是去决定。**认可孩子的需求，但还要告知孩子能做和不能做的行为标准**。让孩子明白，在他们所具有的多种选择中，哪些选择是不可以做的，这样接下来的选择才会更加容易。

告诉这些"去学校并不是我选择的！"的孩子们，什么才是原则！

———

"没错，上学的确很辛苦。学习有时也很难（承认需求），但上学不单单只是为了考试取得一个好成绩。学习新的知识，可以拓展思路、开阔眼界。另外，妈妈也并不是认为只有在课上学到的才最重要，结交新朋友、开心地踢足球也同样是一种学习。"

———

等一下！前面不是说过"要换用连接词"吗？没错。但这并不意味着"但是"全都不可用。在某些特定情况下，为了表示强调，"但是"必不可少。

**Tips**

如何区别唠叨和设定界限？

唠叨和设定界限，这两者的差异在于**对话顺序**上。唠叨是不承认孩子的需求，就给孩子说明行动的标准；而设定界限恰恰相反，它是在充分承认孩子的需求之后，再去向孩子说明应该遵照的正确标准。

此外，两者**使用的词语**不同。一般来讲，唠叨常会用"一定""必须""应该"等命令性词语；而设定界限，常会用"如果这样的话，可能更好"等包含建议性的词句，让孩子自己去做某些决定。

"如果图书馆很吵，会发生什么事呢？"如果这样发问，孩子们很可能会说，"图书馆里不可以喧哗""会妨碍其他人""在图书馆里要保持安静"等。但是，图书馆一定要保持安静吗？毕竟世界上也存在着异常喧闹的图书馆——叶史瓦大学的图书馆。这里没有可以一个人静悄悄读书的私人空间。图书馆之所以喧闹，也是源于犹太人独特的学习方式。在犹太人看来，不断的提问、讨论，才能最终实现自身成长。所以，将"提问"视作他们的成长秘诀也并不为过。

那么，所有的提问都是好的吗？当然不是。提问也有好坏之分。两者的区别就在于**"提问本身是否有助于孩子思考"**。提问的最大作用是刺激思考。相反，如果提出的问题达不到这种效果，甚至阻碍你去思考，那它绝不是一个好问题。最典型的就是答案固定化式的提问（即，答案是定好的，你只要回答就可以了）。这类只用回答"是"或"不是"的提问，毫无疑问只会阻碍孩子思考。

相反，没有固定答案的开放式提问，会让孩子陷入思考。"我该怎么做呢？""那么做的理由是什么呢？""我想要的是什么呢？"这样的引导，会使孩子回顾自身，陷入深思。**如果妈妈的提问，能让孩子开动脑筋、陷入沉思，那么这就可以看作是一个好问题。**

Tips

稍等！请小心这个！

借助好的提问，增强思考的力量

> **志勋：** "是同桌先开玩笑的，所以我才会在课上说话，而后就被老师发现，让我站起来回答问题。"
>
> **妈妈：** "所以老师可能误会你了。嗯～**那以后该怎么做才更好呢？**"

开放式提问是一种很好的方式，还有另一个理由。**开放式提问可以让人更沉浸其中。**米哈里·契克森米哈赖（Mihaly Csikszentmihalyi）在其著作中表示："人为了实现艰辛且有价值的目标而自我努力时，那便是最好的瞬间。为了尽可能让自己投入其中，自主性至关重要。"无论过程如何艰辛，在经历自我判断、自我主导取得成效后，就能感受到沉浸其中的乐趣。讲到这里，我想可能会有很多妈妈有这样的疑问："难道我们要放养式地教育孩子才是最好的？什么也不说，什么也不做？这怎么可能呢？"

当然，父母们的诉苦并没有错。因为只要孩子能够自己制订目标并享受学习的乐趣，没有父母是不支持的。但为了孩子能投入其中，有一个前提是必要的。**就是寻找**

到属于自己的"WHY"（为什么），只有知道了自己为什么要做这个的时候，孩子才会付诸行动，自然而然地投入其中。毋庸置疑，这点是妈妈无法通过指示或命令就能做到的。像这样，**寻找属于自己的"WHY"就是开放式提问**。

"老师，我和老师说话的时候，内心总是很惊慌。"善英笑着对我说道。"老师一直提问，问的都是一些我之前从来没思考过的问题……都是我的第一次尝试。"没错，在咨询室里对孩子使用开放式提问，他们很容易惊慌失措，这很正常。因为这些问题不在孩子的预期范围之内，毕竟他们最初认为自己只会听到唠叨。善英说，因为我的提问，她思考的事情变多了。

"老师，在我来咨询室之前，就想过一些问题。比如我出于什么样的心态，为什么会那么做，多多少少都思考了一些，也想过老师您可能问的一些问题。通过这些思考，我好像也深入了解了自己的内心。"善英这样说道。

开放式的提问会使孩子惊慌失措，但这样的方式，也让善英有机会去观察自己的内心，与自己进行对话。

Tips

问问自己"WHY"

✗ **封闭式提问**：没有引导孩子思考的提问

　"你跟朋友吵架了吧？"

　"妈妈说没说过不要在课堂上吵闹？"

　"课上要保持安静，是不是？"

　"以后一定要这么做吗？"

✓ **开放式提问**：让孩子主动思考的提问

　"你都做了什么呢？"

　"这么做，有什么原因吗？"

　"你真正想要的是什么？"

　"怎么做才好呢？"

Tips

妈妈的话语（问与答）

问："如果孩子很固执，该怎么办？"

答：和孩子聊天时，家长们可能很容易发现，他们有时总是固执己见，不愿意去改变自己的某些行为。这时候，家长就要试图去寻找孩子这样做的理由，只有找到了根本原因所在，才能得到改变的方法。

妈妈："志勋，上课时**为什么**总和同桌说悄悄话呀？"

志勋："我要是不和成光说话，他就不和我一起玩了。"

妈妈："哦，原来志勋是怕成光不和你一起玩，所以才在课堂上说话的啊！"

第五节
"怎么做才好呢？"给孩子一些思考的时间

　　通过前面介绍的开放式提问，如果已经让孩子了解了自己的内心，那么接下来我们就该把注意力集中于"HOW"，如何做上了。志勋母亲和我聊天的时候曾叹惋道："老师，要让志勋上课保持安静，我还应该做些什么呢？其实早就和他约定过，可他却经常忘记。"志勋明明和母亲约定过，但没过多久好像又和同桌说起了悄悄话，开起了玩笑。"明明说了上课会保持安静，就应该照做啊！为什么就做不到呢？你还要继续这样子吗？"母亲训斥道。

那么，转身就忘记诺言的志勋究竟存在什么问题呢？

我想，志勋转身就忘的理由主要有两个。首要的一点就是，**大脑额叶尚未发育成熟**。在人的大脑中，位于前方的前额叶在功能上主要负责设定目标、执行和调整行动。换句话说，额叶负责认知、学习、综合分析以及评价等高等机能。如果额叶发育良好，即便是同桌和自己搭话，志勋也会想起自己下定的决心："不行，我跟妈妈约定过，在上课的时候要保持安静。"而做到安静听课。但令人遗憾的是，青少年时期的额叶还处在"施工"状态，并没有发育成熟。据说，当女性24岁、男性30岁左右时，大脑的额叶部分才会发育成熟。所以，对于青少年来说，无法将想法付诸于实践也是情有可原的。

志勋转身就忘的第二个原因在于，**不清楚"HOW"，如何去做**。各位父母是希望孩子能认真学习？还是希望孩子学习能有效果呢？我想大家毫无疑问地都会选择后者。对于因考试成绩不理想而受伤的孩子，相较于"你学习了几个小时？"，诸如"考试准备得怎么样了？"这样的提问方式，会更具成效。

即便都在相同的时间听着相同的课，背诵法、做笔记法、时间活用法等有效的学习方法都尽在掌握，但孩子们的考试成绩也依旧有所差异。志勋就属于这种情况。对于他来说，知道如何做到课上集中，比在课上安静听课更重要。

那么，为了将孩子的计划更好地付诸行动，家长应该给予怎样的帮助呢？德国康斯坦茨大学教授彼得·戈尔维策（Peter Gollwitzer）强调说：为了保证行动取得成功，最重要的是事先制订"执行意向"（Implementation intention：何时、何地、如何行动等都预先做好规划）。

圣诞节假期前一天，若给孩子们布置作业，他们会完成多少呢？戈尔维茨教授借助实验验证了执行意向的效果。圣诞放假前，他将大学生分成两组，布置了相同的随笔课题。让 A 组同学写下自己在何时、何地完成课题的执行计划（比如，在圣诞节的第二天早上 10 点，在书桌前完成此项课题），对 B 组则没有给出要求。而后他在休假完毕检查了留给大家的作业。

结果怎样呢？在写下执行意向的 A 组学生中，有三分之二的人完成了课题，与之相比，B 组的大多数同学则没有完成。由此可见，即便是大学生，他们也都会为了享受愉快的假期而忘记写作业，更何况是年少的孩子呢？但是知道"HOW"的同学们却有所不同。他们在制订执行意向后，能更好地将想法付诸于行动之中，即便面对愉悦的假期，依旧可以抵制住诱惑。

为了帮助额叶还未完全发育的青少年，家长的作用就在这里。**我们应该帮助孩子，让他们自己去思索"HOW"，并有效地将其付诸行动**。父母在养育孩子的过程中肯定有很多崩溃瞬间。"这种时候，就应该这样啊！"只要简单地说一声，也许父母们就能缓解自己的焦虑，能够更平静地解决问题。但如果孩子已经度过了低年级阶段，妈妈的这些话有可能不会起效果了。到了小学三年级左右，孩子们就会产生发挥主导性的思维，他们想随心所欲地行动，而不再是按照别人的要求去做。因此，对于孩子来说，妈妈的话只不过是教训自己的唠叨罢了。那么在这种时候该对孩子说些什么呢？这点我稍后会提到。**为了不让孩子将我们的话当成耳边风，给予孩子充分的思考时间就显得尤为重要**。

让孩子将想法付诸实践的原动力"HOW"

---

① "怎么办才好呢？"请通过这样的提问来帮助孩子思考。

② 为了让孩子的想法能付诸于行动，我们要制订具体的行动方案（如果这么做的话，就需要……）。

③ 通过角色练习来应对多种情况。

④ 通过具体反馈，鼓励孩子养成自己行动的习惯。

妈妈： "因为同桌一直和你搭话，所以才没办法集中精力啊？那么，志勋你觉得这种情况下该怎么办才好呢？" ①

志勋： "如果同桌一直要和我说话的话，我就说等下课了再说。" ②

妈妈： "哦！这的确是个好主意，可是万一同桌还是继续搭话，该怎么办呢？"

志勋："嗯……"

妈妈："这种情况时说：'不行，等一下再说吧！'再一次去告诉他怎么样呢？"

志勋："好像还不错。"

妈妈："既然你也觉得不错，要不要和我一起练习一下呢？妈妈来扮演你的同桌，如何？"③

（2天后）

妈妈："志勋，最近班主任老师夸奖你了，说志勋在上课的时候注意力非常集中。我知道做到这点真的很不容易，妈妈希望你能继续努力！"④

第六节
请接纳孩子的速度，耐心等待

　　"妈妈，这件事我能不能自己看着办？"孩子们有时会提出这样的想法。他们想按照自己的意愿有条不紊地进行某件事，但事情不顺利、感到郁闷时常会这么说。他们急于得到父母和老师的称赞，但看到周围的朋友考试成绩优异时，又会感到焦虑、想要放弃。如果在这一过程中，孩子们轻易放弃了学习，那么他们必定会在某个瞬间开始变得不再相信自己。

"反正我也做不好"

"我没什么擅长的"

"我这是怎么了？"

不相信自己、习惯放弃的孩子们会轻易依赖别人。他们很容易用"你看着办就行""我都可以"等话语来表达自己的想法。这个时候作为父母，我们应该帮助孩子去接纳自身的速度，培养对自己的信任。

你是做不快吗？ VS 原来是在认真做啊！

"老师，我不知道孩子与孩子之间究竟有多大的差异。同样是解数学题，我们家老大惠珍就能快速作答，还会留出时间检查。但老二善雅就不一样了，慢慢吞吞，甚至做题的时间都不够用，我让她快点做，也无济于事。我因为她焦躁担心得不行，她却一副不以为然的态度，搞得我好郁闷！"

面对着这位对小女儿感到郁闷的母亲，我说道："这位家长，您大女儿惠珍不是能做到快速答题吗？那会不会偶尔会出现计算失误或读错题的情况呢？善雅慢慢解题，反倒失误会减少吧？"这位妈妈对我的话很是吃惊，一脸不可思议地看着我说道："老师，您是怎么知道的？"

就像每个人喜爱的色彩各不相同，孩子们解决问题的方式也不一样。老大惠珍说："虽然我做题速度快，但偶尔也有失误的时候，所以每次做完都要检查一遍心里才安心。"而老二善雅说，她只有在慢慢琢磨的过程中才能缓解紧张感，减少出错率。如果加快了解题速度，她反而会不安。

如果我们让答题快的惠珍慢慢来，相反，让解题慢的善雅加快速度后重新检查，会怎样呢？两个孩子可能都会有压力，出错率也会上升。这就等同于让狮子吃草，让长颈鹿吃肉一样的道理。孩子们都有各自解决问题的方式，如果家长只用一个尺度来衡量判断，那必然是有问题的。

当孩子与父母解决问题的方式产生差异时，如果家长只用自身的标准来进行判断，稍有不慎就会出现无视孩子速度的情况。如果一边说着"还不快点吗？"，一边追讨不满的孩子，只会令他们更加不安。这时，作为家长，我们要做的就是理所当然地"承认"，承认孩子之间存在的客观差异。

悠闲的善雅需要的不是妈妈的催促，而是自己的专属秘诀。她虽然平时慢吞吞的，但也要学会分配时间、快速读懂题目等方法，积累在规定的时间内解题的经验，找到自己的专属解题秘诀。

对于善雅来说，**"原来是想更仔细地解题啊！"可能是最适合孩子目前状态的一种话语表达**。听到妈妈这么说，善雅会欣慰地认为妈妈看到了自己的努力。如果还是担心孩子在限制的时间内无法完成解题，母亲可以适时地给孩子善意的提醒，"现在时间还剩 10 分钟左右哦"。

如果孩子在规定时间内无法完成解题，那么也请在孩子做完后再和她进行对话。询问孩子是不是遇到了困难？没有在规定时间内完成是不是感到难过？请先倾听孩子说出自己的想法。孩子也要学着在困难之中尝试新的方法，在失误中获得新的技巧，而等待孩子通过经验来学习，也是大人的任务。

针对慢性子的孩子，妈妈的话语

不要催促孩子，先通过一些说明帮助孩子自己意识到存在的问题。

慢悠悠解题的时候："原来你是想仔细作答啊！"

时间所剩无几时："现在时间只剩 10 分钟了哦！"

题目全部做完后："解题过程中有没有遇到什么难点呢？是不是刚开始时想着仔细慢慢作答，但最后时间好像不是很充足了，觉得有些可惜（与孩子产生情感共鸣）？如果以后再发生这类情况，你觉得该怎么处理才好呢？"

这个你确定吗？ VS 我们一起来仔细看下怎么样？

振宇找到我，情绪低落地说道："老师，我好像太过毛躁了。"振宇诉苦说，考试的时候，有的题目明明自己会做，但最后也没答对。当我问他什么时候感到最紧张时，他说："我和妈妈在一起学习的时候最紧张。因为每次我一选答案，妈妈就会问我，你确定吗？听到这句话，总感觉我自己好像做错了似的，让我非常紧张。甚至每次考试的时候，我耳边都能响起妈妈的这句话。老师，我没事吧？"振宇疑惑地问道。

振宇实力是有的，但就是经常失误。想要做好的欲望越强烈，答题速度越快，失误反而越多。看到振宇的样子，振宇妈妈也很心急。"老师，大家都会的题目偏偏只有振宇答错，我既生气又着急，一直告诉他不要总失误，没想到我的话却给他带去了压力，现在我该怎么办才好呢？"

看到经常失误、手忙脚乱的孩子，父母感到郁闷很正常。因为孩子有实力，但却没有获得与之匹配的成绩，这会让大人觉得，是不是孩子的能力下降了？所以他们会向孩子去确认"这是真的吗？""这个你确定吗？"。总用这样的话去确认，自认为对孩子有所帮助，却不曾想孩子会越来越恐惧。孩子自认为很擅长某件事情，但频繁出现失误，妈妈又一直催促，最后当然就畏缩不前了。因此，孩子解题不会再有以前那样的速度，他会变得一直犹豫，振宇就是如此。从某个瞬间开始，振宇不再是因为马虎而答错题，而是因为内心不安加剧而接连失误。

这时，比起频繁地质疑孩子的实力，其实做父母的更应该展现出要"共同检查"的姿态。最好放弃监视孩子做题时的一举一动和发现失误时反复试探的错误行为，只有这样，孩子才能心情愉悦地成长。如果孩子出现失误，与其一味地催促他，倒不如温和地对待，"咦？要不我们一起再好好看下这道题怎么样？"帮助孩子一起发现错误的原因。

如果是孩子先发现了错误，请不要吝啬赞美，"哇！好厉害，这你都发现了！"多给孩子一些称赞。在题目全部完成后，"发现失误也绝非是一件容易的事，接下来就检查一下吧！"通过这类话语去鼓励孩子学会检查纠错。因为只有亲身体验过后，孩子才不会轻易忘记。

Tips

针对经常失误的孩子，妈妈的话语

作为父母，与其抱着要找出孩子错误的心态，不如换个方式，和孩子一起去了解错误，寻找错误的根源。

发现错误时："我们一起来仔细看下这道题怎么样？"

孩子自己发现了错误时："哇！真棒，这你都发现了！"

题目全部完成后："发现失误也绝非是一件容易的事，接下来就好好检查一下吧！"

第三章

母亲的对话法——培养
胜任能力
相信自己，才会有更强
的学习欲望

当孩子发现在某件事上自己比其他朋友更"胜任"时，

他自然就会更关注该活动，

更有在这方面发挥自身能力的欲望。

所以，对孩子来说，

"有趣的学科"的标准就是"我能做好""我能胜任"。

为了培养孩子的胜任能力，家长该做些什么呢？

非常简单，

充分理解孩子想要做好的那份心意就可以了。

　　"为什么讨厌数学？当然是因为它没意思呀！"宥
珍一脸无辜地朝我说道。"原来你认为数学很无趣啊？班
级里的其他同学也讨厌数学吗？"对于我的发问，她的眼
神里充满了无奈，说道："当然了，我的朋友们都不喜欢
数学。啊！对了，有一个例外。素妍吧？她倒是对数学很
感兴趣，而且她的数学成绩也很好。真搞不懂，这有什么
意思呀？"

　　对于孩子而言，"有趣"的标准究竟是什么呢？在

和宥珍的对话中，我发现，孩子们常常将"有趣"等同于"自己擅长的事"。宥珍觉得自己擅长的语文很有意思，但对数学却没有一丝兴趣。事实上，这种现象在很多孩子身上都存在。每个人都会对自己擅长的东西或事情展现出浓厚的兴趣，都想在熟悉的领域大展抱负。孩子也是如此。当孩子发现在某件事上自己比其他朋友更"胜任"时，他自然就会更关注该活动，更有在这方面发挥自身能力的欲望。所以，对孩子来说，"有趣的学科"的标准就是"我能做好""我能胜任"。

为了培养孩子的胜任能力，家长该做些什么呢？非常简单，**充分理解孩子想要做好的那份心意就可以了**。只要家长充分理解孩子想要做好、想获得认可、偶尔又畏惧失败的那份心意，就能激发出孩子的胜任感。我想对于这点，应该没有父母会不同意。而且，韩国的父母们尤其希望孩子能够在很多方面带着胜任能力自由发挥，但这中间到底哪里出现了问题呢？虽然父母为了培养孩子的胜任能力付出了不懈努力，然而孩子们依旧自尊心不强，面对着学业压力悲观不已，甚至为此断送生命的事情仍旧时有发生。

赛跑运动员的速度再快，但如果跑错了方向，即便是博尔特，也不可能取得胜利吧！在教育孩子上，各位家长也面临着类似的问题。虽然大家都希望孩子能够感受到胜任能力，为此毫不吝啬地去鼓励孩子，但如果方法错了，照样徒劳无功。

"哇，我的女儿做得太棒了！将来一定能考上首尔大学。"

父母鼓励孩子的话语，有时也可能成为毒药。上文的这句"将来一定能考上首尔大学。"。这句话究竟哪里有问题呢？

比如下面一个例子。瑞恩由于过度焦虑、自尊感大幅下降，于是找到了我。她固执地认为：只有自己学习好，父母才会高兴，并且这种想法在她心中根深蒂固。究竟是怎样的经历，让她内心如此不安呢？与她交谈的过程中，她说出了这样一番话："我的姐姐比我活泼、性格好，朋友也多。她各方面都比我优秀，我好像只有学习比她擅长。"

瑞恩说，她觉得只有学习好，才能得到父母的称赞和爱。所以自己一直以来都非常努力，每次取得好成绩也真的都得到了表扬，但问题也出现了。"因为我学习好，大人们常常对我说这样的话：好好学习，以后去国外留学，也带着父母去美国旅行，尽尽孝道。好像从那时开始我就一直很担心。"

瑞恩说，她是听完这些话后开始变得焦虑。"如果去不了国外留学怎么办？""让父母失望了怎么办？"一个想法接着一个，折磨着瑞恩。"我应该努力学习，不能让父母失望。"这种决心成了困住她的枷锁。

在和瑞恩父母交谈时，我向他们说明了瑞恩内心的真实想法，她的母亲感到很吃惊，而后说了这样一番话：

"老师，我们说的那些话真的不是想给孩子增添负担，只是大人的玩笑罢了，而且那时瑞恩还笑了呢……却不曾想给了她这么大的压力。"

瑞恩父母说，他们并不想给孩子压力。我想，大部分的家长可能都是这样的一种心理。"这么下去可以考上首尔大学了吧？""以后能成为一名博士吧？"这些并不是与"你将来一定要去首尔大学"等一样，带有强制性意味的话语，而是希望孩子能做得更好的一种充满鼓励性的表达，没想到却在不经意间给孩子带去了无形的压力。

妈妈的话语（问与答）

问：我的想法和您恰好相反，我倒是希望有机会说一句"这样下去你都能上首尔大学了"。因为孩子经常说："就这样活着不好么？走一步算一步吧！"这样的态度让我十分担心。像我家孩子这样的状况，他还有胜任感吗？

答：当然是有的。孩子说的"像现在这样活着不好吗？"，在父母听来像是一种放弃。站在父母的立场上，难免会担心和苦恼。但会有这样的可能吗？**孩子的内心或许是这样想的："我想好好生活，但是也很害怕不能过上好日子。"**孩子想去做好，但其中的恐惧心理也在随之加剧。"想要做好"的希望背后也存在着"我能做好吗？"的怀疑和恐惧。越是经历过挫折的孩子，就越熟悉恐惧。这类孩子可能觉得："如果我抱着希望去努力，不小心失败了，该有多丢人啊？大家或许会怪我吧？"因为恐惧感太强烈，反倒很有可能让他们犹豫不决，内心表现出防御姿态。这时，家长最不应该说的就是："好，你自己看着过吧！看你会不会后悔！"这种方式只会让孩子更加恐惧。换一种说法，比如：**"你可能也想做好，越想做好就越会担心吧？"用这样的话语先理解孩了的内心想法，或许会更好。**虽然有些孩子会自己发挥出胜任能力，但父母得先去发现它。

请不要用大人的眼光去看待，不要用大人的想法去指导

"我的女儿一定能考上首尔大学"，听到这句话时，瑞恩脑中最先出现的想法是什么呢？

"如果我考不上怎么办？我真的可以吗？"

瑞恩说，她听后的第一感觉就是不安，"父母对我抱有如此大的期望，万一令他们失望了，怎么办？"因为给定的目标过高，所以之前认为学习有趣的瑞恩在一瞬间就将学习中的乐趣转换成了压力。当然，如果瑞恩一直努力学习，考上首尔大学，进而去国外留学不是没有可能。但是，这些都是瑞恩上高中后才有可能实现的情况，对于处于小学阶段的她来说，这仅仅是个过高的目标而已。

《道德经》中有这样一句话："合抱之木，生于毫末；九层之台，起于累土；千里之行，始于足下。"意思是说，不论多么伟大的事情都是从点滴的积累开始。我想各位家长肯定也都知道"千里之行，始于足下"的道理。显然，"要考上首尔大学"这句话意味着要胸怀大志。

但是成年人没有意识到的一点是，小孩子还很难理解其中的深意。特别是那些大脑额叶还未完全发育成熟的孩子，他们很有可能会将"这样下去你能去首尔大学了"理解成"你应该去首尔大学"。如果孩子们还未了解自己究竟有什么样的能力，如果"首尔大学"象征性过高，会怎么样呢？如果孩子觉得"我达不到那种程度，去不了首尔大学"会怎么样呢？对于还处在"不是YES就是NO""不是这个就是那个"的简单逻辑方式阶段的孩子来说，大人话语中所隐含的鼓励是不能被孩子完全理解的。

大人的鼓励可能会成为孩子的毒药，并不是源于大人们过度的欲望，而是因为不理解孩子的大脑发育情况而出现的教育引导方式产生了偏差。在这里，没有必要责怪大人善意的出发点。只要从孩子的视角去理解孩子的心意，现在开始练习，一切都不晚。

第三节
千里之行 始于足下，寻找孩子的最近发展区

　　那么，在学习上，既要让孩子不会因困难而气馁，又不会因为容易而感到无趣，我们又该如何做呢？心理学家维果茨基（Lev S.Vygotsky）给出了建议：**寻找到孩子的最近发展区。所谓最近发展区，是指孩子一个人很难做到，但通过大人或比孩子更有能力的同龄人的建议、鼓励可以实现的某些目标。**

　　例如，让可以完成 20 个拼图的孩子去完成 100 个拼图，这个目标或许过高。站在孩子的立场上看，之前已经

熟悉了 20 个拼图，但突然增长了 4 倍变成了 100 个拼图，他们可能因为负担过重而轻易放弃，说"我不干了"。

但如果将目标设定为 30 个拼图，又会如何呢？当然，孩子们刚开始还是不太适应，可能会抱怨有困难。这时，如果大人察觉到孩子需要帮助，给孩子一些提示，"从这里开始，你觉得怎么样？"，孩子完全可以完成 30 个拼图。像这样，在某些人的帮助下，孩子能够自己解决的部分就是维果茨基所说的最近发展区。

为了让孩子感受到自身的胜任感，我们应给予哪些帮助呢？**第一，将最近发展区打造成"我的"**。最初在妈妈帮助下完成了 30 个拼图的孩子，需要不断练习，以求达到在没有妈妈帮助的情况下也能完成 30 个拼图。在这个过程中，如果妈妈告诉孩子，"没有头绪时，从棱角部分开始拼会容易很多"，在接下来孩子独自尝试时，他可能也会对自己说："拼不好时，就从棱角部分开始吧。"像这样，在把妈妈的建议变成"我的"并取得成功的过程中，孩子的能力也就得到了极大的提升。

感受到胜任感的**第二个方法就是，扩大最近发展区**。如果说孩子以前的最近发展区是完成 30 个拼图的话，那么，此刻可以将孩子的最近发展区由 30 个扩大到 40 个。

如此一来，在逐渐扩大最近发展区的过程中，孩子的胜任能力也会得到相应的提高。

了解孩子最近发展区的 5 步对话法

维果茨基将"对话"视为了解孩子最近发展区的重要方法。他认为，对话是了解孩子各方面问题和困难的一个非常重要的手段。如果说父母与孩子双方已经做到了充分对话，那接下来我就向各位家长具体介绍，了解最近发展区的正确对话法。

第一步，情感认可

如果你的孩子一直以来自己都做得很好，那么一旦遇到困难，他就一定会慌张。说不定他会突然感觉自己变成了傻瓜，再加上被妈妈看到了自己当时的窘态，所有这些想法集合在一起，就会让孩子表现出某种防御性态度，如发脾气。这时，我们需要充分接纳孩子出现的惊慌和烦躁的情绪。

✅ **情感认可的话语：**

"是因为之前自己一直做得很好，突然遇到难以解决的困难所以才慌张的吗？"

"解题不顺利，所以很郁闷吧？"

"第一次尝试这个部分，所以对你来说可能有些难度吧？"

❌ **无视情感的话语：**

"这有什么好烦的？"

"直接寻求帮助不就得了，为什么不说话？"

"为什么还没做完就放弃呢？"

第二步，提问

如果充分理解了孩子的情感，那么接下来就提问吧！通过具体的提问来了解孩子有疑惑的部分。另外，还要询问孩子是否需要妈妈的帮助。因为有些孩子不喜欢"剧透"，更乐意自己去解决问题。如果是这种情况，请尊重孩子的内心想法。

"你看，两位数加法这部分做得很好，不过，关于厘米转换成米的问题上，你好像做起来有点儿费劲？"

★ 不要只将焦点放在孩子做得不好的问题上，也不要吝啬对孩子独立完成某件事进行称赞。如果在解决问题时孩子遇到了困难，家长要通过具体的提问来了解那些难题是什么。

"这个部分的话，如果能给我点提示，我也许能解出来。妈妈，能给些提示吗？"

★ 有时一些孩子会寻求妈妈的帮助，但也会有许多孩子愿意凭借自己的力量解决问题。所以，这个时候请先问问孩子的想法，是否需要给他们一些提示。

第三步，说明

如果孩子需要妈妈的帮助，那么现在就是妈妈进行说明的时候了。此时的重点是，**切记从孩子的角度出发，进行说明。**可能大家都有过组装家具的经历吧？还记得看到组装说明书时的那种无助感吗？孩子们也是一样的。虽然孩子很希望得到妈妈的指点，但是如果妈妈的解释他们完全理解不了，所谓的提示也就毫无意义。所以为了便于孩子理解，妈妈的说明技巧显得尤为重要。

便于孩子理解的，妈妈的说明技巧：比喻

"函数就好比我们玩的梯子游戏，爬梯子时每次选择的号码不同，出来的结果就不一样。函数也是一样的，X 变量一旦确定的话，Y 的值也会随之确定，这种一一对应的关系就是函数。"

★ 通过比喻来向孩子通俗地解释他们难以理解的概念。这种孩子们熟悉的比喻可以让他们更容易、也更深刻地理解某些抽象的概念。

便于孩子理解的，妈妈的说明技巧：举例说明

"还记得上次我们买了一箱子苹果吗？箱子的横排放了 4 个苹果，竖排放了 3 个苹果，利用九九乘法口诀表，我们很容易得出 4×3=12，所以箱子里的苹果一共有 12 个。"

★ 帮助孩子理解的另一种方法就是举例子。以现实生活中的各种经验为例进行说明，不仅利于孩子理解，而且对于概念的重要性也会有更加深刻的认识。

Tips

妈妈的解题过程请大声用语言说明

"现在我们看一下两位数加法，43+27。先从后面算起，3+7 是 10，所以末位写 0，向前进 1，这里做个标记，接下来就来加一下前面的两个数，4+1等于 5 吧？5+2 的话？对，是 7。我们把 7 写在这里。这样就结束了，所以最后的答案是 70。怎么样，你觉得做得对吗？"

家长在帮助孩子时，肯定脑海里早就知道了该如何解题。但是将脑海中的想法表述出来就需要语言这个桥梁。家长需要了解到的是，此时措辞的恰当与否非常重要。另外，还需要考虑说话的艺术，也就是语言的策略问题，怎么能向孩子深入浅出地解释一个抽象的问题，并且被孩子接受。怎么能让孩子理解一道题，妈妈的解题思路是非常重要的。

第四步，耐心

如果说以上家长都做得很好，那么接下来的一步就是等待孩子自己去解决问题。将妈妈的简单说明真正转化为属于自己的东西是需要时间的，所以妈妈们切记不要太焦急。毕竟心急吃不了热豆腐，给孩子一些时间，让他慢慢消化。

等待孩子时，妈妈的话语

"就算妈妈给你解释过了，你也很难马上就理解它，不如先自己尝试着做一做，实在不行的时候，妈妈再给你解释一遍。"

★ 请告诉孩子这可能很难，让他安心。否则，会使那些急于想向妈妈证明自己实力的孩子更加焦虑和不安。

第五步，回顾

如果孩子凭借自身的能力已经解决了问题，那么接下来要做的，就是和孩子一起回顾。回顾是否真正理解了题意，是否需要进一步练习，是否将最近发展区打造成了属于他自己的东西。

巩固复习时，妈妈的话语

"哇，你做到了！要不要再练习一次？看看是不是已经融会贯通了？还是想挑战下其他部分呢？"

★ 当孩子取得了成功，请先去承认孩子**努力的部分**。而后，再去向孩子提问：是想继续练习加深印象，还是想过渡到其他类型的问题上。要知道，反省和认清自己实力的过程才是提升孩子认知能力的关键步骤。

第四节
比起笼统的称赞，将其具体化才会更有效

　　放学后，从老师那里拿回日记本的孩子们，首先做的一件事就是确认自己有没有得到"优秀"印章。孩子们会去比较谁得的印章多，谁的印章盖得漂亮。但你是否有过这样的想法：明明是自己的反省日记，为什么要由他人来评判优秀与否？

　　美国知名的亲子教育专家奇克·穆尔曼（Chick Moorman）曾警示过家长："你真棒"这类评价性的称赞有可能成为腐蚀孩子心灵的毒药。那么，"你做得真棒"这

句话究竟有什么问题呢？"这个你做得真不错！""你真是太优秀了！""我就知道你能做得很好！"，当孩子听到这类话语时，肯定会高兴得手舞足蹈。但是随着时间的推移，这些评价性的称赞也可能会成为孩子前进路上的绊脚石。

"哇，整体色调真的好温暖，智妍我希望你能一直画下去。"听完我的话，智妍满脸不悦地说道："老师，以前让我自由作画时，我按照自己的想法就能画出来。但是现在很奇怪，越是想自由地画画，想法就越多，根本无法开始。"这段时间总会频繁地从父母、老师、朋友那里听到"你画得真棒！"，但对于智妍来说，这样的话听得越多反而越不会自由地作画了，甚至在某一瞬间变成了负担。因为不知从何时开始"画得不好怎么办？"这个问题一直萦绕在心头，这种忧虑成为了创作的主导。

那些已经熟悉了被他人评价的孩子们，会为了得到别人认可而不断努力。他们开始觉得，只有满足他人才会让自己安心，于是自尊心一点点降低。《称赞能使鲸鱼跳舞》一书畅销后，比起内容更关注题目的人，错误地将"称赞"等同于"百利而无一害的好东西"。但是跳舞的鲸鱼自尊感是如何的呢？原本在人前不会跳舞的鲸鱼为了每次都能得到称赞，竟然在人们面前跳起了舞，它的自尊感难道不是变低了吗？

妈妈的话语（问与答）

问：我经常会对我女儿说："你才是最棒的！"这也有错吗？

答：父母这么说可能是想告诉孩子，你很珍贵，让孩子振作起来的心理。但是各位家长也不必过分自责，因为这些话并非总是不好的。比起话语本身，**我们需要考虑的是：孩子在什么时候需要这样的称赞**。如果是在考试中取得好成绩或帮父母跑腿这类**给予补偿层面上的称赞**，它可能就会成为孩子的负担。"妈妈这么信任我，万一我做得不够好怎么办？"，或是产生"我应该总是听妈妈的话"之类的想法。出于鼓励目的的称赞最终成为了孩子"我应该……"的条件。但是如果家长把所谓的称赞变成对孩子自身的认可，比如："对于妈妈来说，除了我女儿之外没有人能做到"，情况就会有所不同。在日常生活中听到"对于妈妈来说，我的女儿永远是最棒的""因为我儿子，我很踏实"等话语，会让孩子感受到自己的价值，提升自尊感。因此，与其说因为孩子做了什么而去称赞他，**不如把称赞当作认可孩子本身的话来使用。**

称赞应包含具体的信息

我们称赞孩子是出于什么目的呢？自然是为了孩子的成长。就像种子发芽需要适当浇水、施肥一样，孩子成长过程中也需要适当的鼓励和称赞。把称赞贯彻到成长中，应该包含着**具体的信息**。如果知道如何做才能把某件事做好、之后应该改善些什么，孩子们自然而然会把注意力集中在自己的行为上，在过程中全力以赴。

但如果只是简单地称赞孩子一句"做得好"，会怎样呢？"做得好"和"好棒"这些话中漏掉了具体信息。如果没有说清楚到底哪些地方做得不错，没有说明白如何做才能进一步成长，孩子就只会将关注点集中在他人对自己的评价上。

许多家长认为孩子受到称赞会更加努力，所以努力去寻找孩子身上值得称赞的地方。但是有件事不能忘记：孩子不是为了得到评价才去堆积木，也不是为了得到妈妈的认可才去画画。在堆积木、画画的过程中，孩子感受到了快乐，在解答未知的问题过程中感受到了欣喜。所以作为父母，我们只需要参与进来，与孩子一起感受快乐的过程，为获取快乐而付出努力就可以了。

✅ "原来画了天空和白云啊"

相比于简单地称赞孩子一句"做得好"，用"原来你自己爬上的梯子啊""原来画了天空和白云啊"这类集中说明孩子的行动和努力过程的话语来表达，效果会更好。大家可能会有这样的想法：孩子只画了天空和白云值得称赞吗？事实上，在称赞时一定要加上"做得好"这句话，只是大人们对于称赞本身的误解而已，其实对于孩子来说，只要付出了努力，感受到快乐就足以得到充分的满足感。

✅ "你高兴妈妈就会开心"

孩子成绩提高了，父母的心情自然是高兴的。但是请仔细想一想，如果按照我们的标准，孩子成绩进步了，却仍然哭丧着脸、饱受压力，我们的心情又会如何呢？可能也不会有多高兴吧。

看到孩子成绩提高我们之所以高兴，是因为孩子感受到了成就感。 作为父母，我们在和孩子对话的过程中，是否意识到了改变说话方式的重要性呢？所以请对孩子说："你高兴妈妈的心情也好。"只有感受到满足感的孩子，才会没有"一定要考上首尔大学"的负担，才会努力去提升自身的胜任能力。

✅ "秘诀是什么？"

孩子们察觉并承认自己的成长是提升胜任感的秘诀。"这次考试中有什么值得高兴的事吗？""你是怎么想的？""秘诀是什么呀？"通过这类提问，帮助孩子去感知自己的成长。

孩子说出自己努力的点之后，"没错，妈妈也觉得你努力了"用这样的话语来认可孩子的努力，他们就会自然而然地感受到胜任感。

妈妈的话语（问与答）

问：每次我表扬孩子做得不错时，他总会摆手说："不是的，我还远远不够呢。"是不是我家孩子在学习上的自尊感太低了？我应该如何和他交流呢？

答：为了给萎靡不振的孩子增添自信，我也不知道说了多少类似于"做得好"这样的话。其实，大部分妈妈的心理都是一样的，都想通过鼓励来增强孩子的自信，不是吗？但是孩子的想法可能和我们不同。如果孩子认为自己没有做好，即便有人在旁边无限夸赞，他们也会很有负担地说，"我为什么没有做好呢？""下一次不应该做得更好吗？"，所以才会发生以"不是的"为由拒绝称赞的事情。

不必过分在意称赞。对于大人的称赞，孩子可能会认为"只是为了让我高兴才说的吧？"。这时，对于父母来说，应该在认真观察过孩子努力的过程后，再去称赞。就像"房子上画了两个窗户""字写得真工整"一样，把看到的事实原原本本地还原出来。这种**以观察为重心的称赞**能够如实反映事情的本质，**孩子也不会轻易拒绝**。请记住，只要能让孩子认可你的夸赞，同样你也会得到孩子的认可。

第五节
不要追问"你尽全力了吗?"

"老师,我尽没尽全力到底由谁说了算?"志勋气呼呼地找到了我,"这次英语考试我只做错了两道题,但妈妈却说我没尽全力,还训斥我。"

"原来你是因为妈妈的话不开心啊!做错了两道题自己应该也很难过吧?妈妈还说了那样的话,岂不是更伤心了?"听我说完,志勋立刻说道:"老师,不是的,上次考试我只答对了一半,而这次仅错了两道题,其实我非常开心!我也知道自己尽力了,可妈妈却认为我之所以这次错两个，而上次错那么多，就是因为没努力，而且她觉得这次我本应该能考得更好，她真是太过分了。"

大家还记得韩国SBS播出的电视剧《秘密花园》吗？剧中饰演男主角的演员玄彬曾有这么一句台词："这是最好的吗？你确定吗？"就是这样一句简短的话，却令观众为之疯狂。剧中这句对下属说的话深受大家喜欢，不仅在各种综艺节目中被屡屡提起，甚至在广告中也成为焦点。但当时观众们喜爱的究竟是什么呢？是玄彬？还是这句"这是最好的吗"？

虽然不知道这句话的流行是否是男主角本身带来的溢出效应，但不能否认的是，如今我们确实生活在强调"最好的"至上主义时代。玄彬说的这句话，同样是百货店长对下属、老师对学生、父母对子女经常说的话。能够确定的是，听到的人心情不会很好。因为不论是谁，不论他取得了多么好的成绩，在听到"这是最好的吗？确定吗？"之类的话之后还不气馁的人，能有几个呢？

向我寻求帮助的志勋便是其中之一。上次考试只答对一半，这次仅答错两道题的志勋心情原本很好，但是听到妈妈说"你尽力了吗？"，他一时间竟无言以对。他说，自己分明很努力却被妈妈误解，心里难免有些委屈。妈妈口中"尽力"的标准究竟是什么呢？难道只有考试拿到满分才算是尽力了？听了志勋的话，他的朋友贤俊也愤愤不平地说道："呀，那怎么可能？就算拿了满分她肯定又会要求你其他方面了，妈妈们永远都不会满足。"

体会过信念带来的无穷力量的孩子是不会轻言放弃的

事实上，父母在说这些话时内心也很焦虑。他们说"凡事要尽最大努力"，其实也有自己的理由。"孩子现在知道的能有多少呢？即便我的话被孩子当作唠叨也无所谓，只要孩子努力，以后才不会后悔。"志勋母亲略带伤感地向我坦言："我担心志勋沉迷手机游戏，他上次考试考砸了，这次好像稍微努力了，但如果我对他说做得好，真担心志勋又会变成原来的那个样子，所以才尝试继续给他施压。"

当然这位妈妈的话有一定的道理。父母的确要有培养孩子这种持续努力的意识。也就是所谓的"勤勉性"。美国的发展心理学专家埃里克森也强调，在小学阶段培养孩子的勤勉性非常重要。他认为，在学校这个广阔的舞台上，通过不懈的努力达成多种学术成就，达成"我努力也可以做到"，这样的经验非常重要。

勤勉之所以重要，其另一个原因在于成功并非源于一时的努力。我们常说只要努力就会成功，但现实中这样的情况少之又少。成功需要一个漫长坚持的过程，学习也一样。如果比以前多花费两倍的时间和努力，成绩也能相应提高两倍的话，那该多好？遗憾的是事实并非如此。但如果坚持不懈，结果可能会有所改变。不断磨炼自己实力的孩子，坚持一个月看似没什么变化，但是一年后，可能就会出现明显的改变。方法得当并加以坚持，是提升自身实力的最好办法。

因此，对孩子来说，在学习上保持勤勉的态度至关重要。体验过坚持不懈带来的无穷力量的孩子才不会轻言放弃。因为他们知道努力是为了提升自己的能力，并不是为了某句夸赞或头衔之类的外在的东西。相反，没有体验过勤勉的孩子会怎样呢？这些孩子在失败面前很容易受挫，对于"反正我也不行"的孩子来说，再怎么努力都似乎也是徒劳。因此，**坚持说"我能做到"的勤勉性来自于对自己的确信，而非是大人们的催促。**

第六节
韧性也可以习得！培养勤勉性的 5 种环境

休斯顿大学心理学家罗伯特·艾森伯格（Robert Eisenberger）表示，勤勉性可以通过学习获得，并着重强调了"学习上的勤勉性"。他以 2 ~ 3 年级的孩子们为对象，分两个小组进行了实验。对于第一组的孩子，如果答对问题的话，问题的难度会逐渐提高，而第二组的孩子即便答对，难度也保持不变。之后，给两组孩子布置了抄写单词这一"无聊"的作业。

那么，哪一组孩子作业完成得更认真呢？答案是第一组。因为随着难度的逐渐上升，孩子的毅力得到了锻炼，那些发现了自身成长的孩子即便面对简单无聊的课题，也会毫不犹豫地发挥毅力完成它。但第二组的孩子们，由于没有锻炼韧性的机会，一直都在解答相似的问题，所以他们认为毅力没有什么意义。

那么，对孩子来说重要的是什么呢？就是**培养勤勉性的环境**。只有孩子从小就知道不懈努力的重要性，才会在未来无论遇到何种情况时不轻易放弃。当然在这里还有一点需要铭记：仅凭借"这是最好的吗？""要努力"等话语是绝对达不到想要的效果的。

1. 自身应下定决心

《GRIT》的作者金周焕（音）教授强调，坚持不懈的力量来自于"自主性"。也就是说，孩子自愿并且自主选择的某项活动，如果他们能在这项活动中体会到快乐或者某种满足感，那么，他们当然能够顺利完成活动。但如果孩子面对的是本来就很讨厌、但又不得不做的事呢？家长该怎么办呢？与其强迫孩子，不如先听听他的想法。听听孩子不喜欢做的理由，如果可以互相协调，请尽量找出办法。因为不管是什么活动，只有萌生兴趣，才会产生"要不要尝试一下"的想法。

2. 没有比观察、模仿更好的学习

孩子们通过模仿父母学习了很多东西，这不仅局限于表面上的行为，还包括那些深层次的看不见的态度和价值观。就像"百闻不如一见"这句俗语一样，如果是从小就看着父母凡事都努力去做而长大的孩子，他们会自然而然学会勤勉，所以，家长才是孩子真正的榜样。听着"妈妈也在努力坚持"长大的孩子，当然也懂得"一直努力坚持下去，才会得到想要的结果"的道理。

3. 将目标一点点分割

树立的目标过于远大，实现起来必然有负担。就像前文所说，目标过高不利于孩子培养胜任感，通过对话的方式寻求孩子的最近发展区更重要。所以，长远且宏伟的目标一旦确定，也需要制订短期目标。将目标一点点分割，然后努力实现，更利于培养孩子的胜任能力。

4. 不能马上放弃

成长的过程必然伴随着反复的失败，以及再怎么努力也无法前行的"停滞期"。在这个过程中，如果轻易放弃，孩子不仅不会体验到成就感，甚至会产生"怎么做都做不到"的自卑感。如此一来，下一次开始会更加困难。所以家长要帮助孩子，不要让他们因为困难而轻言放弃。

妈妈的话语（问与答）

问：如果真的要放弃该怎么办？

答：如果真的认为辛苦，那就算了吧。但我们要知道的是直接放弃和努力过再放弃两者是有区别的。如果是我，就会建议孩子再试两次，或是再多上一个学期，最好不要让孩子在感到困难的时候马上放弃。度过了最艰难的时候再去放弃，孩子的能力也可以得到一定程度的提升。

当孩子练钢琴遇到困难时："没错，这个地方是有些难度，要不我们再试两遍？"

（第二天）"真不错，这个地方弹得比起昨天有很大进步！"

5. 对待挫败，做到共情

"妈妈知道你很想赢，为了比赛还放弃了和朋友们玩耍的机会，对于现在的结果你肯定觉得可惜和难过，这些努力妈妈都看在眼里。"

在孩子取得成就时，一起高兴的是父母；在孩子受挫时，一起沮丧的也是父母。为了不让挫折变为自卑，我们需要了解、认可、鼓励孩子为之付出的努力。希望家长不要因为得到的结果不尽人意，就认为孩子这期间所获得的都是失败的。如果父母可以正确地给孩子解析挫败的原因，缓解挫败带来的痛苦，孩子就会跨过挫折重新站起来。

培养勤勉性——妈妈的话语

玄彬这句"这就是最好的吗？"似乎没有使用鲜明的对话法。当然，"不要轻易满足""努力坚持做好"这些话本身并没有错。但是决定努力多少并付诸行动的对象不是父母、老师，而是孩子自己。

正如贤俊苦涩地笑着说，"妈妈们绝对不会满足"，听到妈妈说，"再努力一点""要更加努力"，不知道终点在哪里的孩子会更容易陷入疲惫。和妈妈的喋喋不休相比，孩子自身才能起到决定性作用，在全力以赴的过程中产生的胜任感会成为继续努力的催化剂，进而带来更大的飞跃。"原来我可以做好这个啊，这是不是意味着我能进一步尝试呢？"这种对自身努力的认可才能真正促进孩子成长。

✅ "你做到了！"

孩子们还未发育到可以充分感知自己行为变化的阶段。为了能让孩子察觉到"原来我可以做这个啊！""我竟然有擅长的事"，妈妈的帮助不可或缺。因此，用这些"你做到了啊！""以前这部分对你来说很难，这次你做到了！"的话语，让孩子们从小事上也能体会到成就感，了解自身的成长。多使用"你自己""努力""做到了"等词语，孩子们自然就能感受到隐藏在这些单词背后的夸赞。

✅ "很辛苦吧？"

在挑战困难的过程中有意识地练习非常必要。期待让孩子在无人帮扶的情况下处理好所有问题，家长难免也会产生这样"过分"的期望。经历失败后对困难有所忌惮是必然的，孩子也是一样。在孩子犹豫着是否努力尝试时，静静站在身后，把手放在他的肩膀上说一句"很辛苦吧？可能再多坚持一下就可以了"，会给予孩子莫大的勇气。要知道，有时比起善意的鼓励，妈妈对于孩子的理解更加重要。

✅ "以后想做哪些尝试（努力）呢？"

正如前文所述，称赞的话语应包含具体信息。即便是这样，妈妈一句"今后这样做吧！"的忠告也可能让孩子堵住耳朵，被他视为唠叨。所以这时，父母要做的是让孩子独立去思考。只有孩子自己树立了目标才会为之拼尽全力（这个时候比起强调努力，了解孩子的内心想法更加重要。即便感受到了胜任感，自主性也是必备要素）。

如果孩子首先表达出了自己的想法，妈妈可以说"我也……你再加把劲的话应该能做得更好"，以这样的方式说出建议。请记住，**只要改变和孩子说话的顺序，家长的话就不再是孩子耳中的唠叨。**

第七节
将焦虑视为机遇

有 30 年经验的植物专家禹钟英（音译）老师在《我从树那里学会了人生》中介绍了树木幼年时期的重要性。就如同孩子要想成长，小时候应该均衡摄取营养一样，树木为了能够茁壮成长，幼苗期也至关重要。但禹钟英老师称，树与人不同，树木在幼苗阶段，也就是"塑形期"，会拒绝生长。这究竟是怎么一回事呢？

我们都知道，树木从阳光中获取树叶生长所需的营养成分。种子从发芽开始，也会通过子叶汲取少量营养。

但这个时期树木吸收过来的少量营养不会用于树木的向上生长，而是去发育自己的根。当然，树木也可能想快点长大，毕竟个子长得高就能得到更多的阳光，汲取更多的营养。但比起向上生长，此时树木更着重培养根部，巩固自己的力量。因为它们知道，只有根部牢固，才能顶住狂风骤雨的侵袭，在干旱中保护自己。

看着周围的参天大树，幼小的树苗又会是怎样的心情呢？也许会因为没有自信而焦虑？也许会庆幸去年没有台风，就不必着急生根，慢慢长大？据说，树木的根垒发育的时间是五年，这个时间并不短暂。那么，这期间树木是如何控制自己的焦虑呢？如果抱着"反正没有台风，扎根也没用"的想法，只仰望着周围的大树，那它只会将自己埋藏在深深的自卑里，无法长大。

孩子的成长过程中同样也存在着和树木一样的"塑形期"。在这一时期，孩子的努力从表面上是看不出来的，为此，孩子难免会觉得有些焦虑。于是他们无法集中于培养自己的"根"，而是渐渐陷入"为什么只有我不行""为什么我做什么都不顺心"的自我怀疑中。之前来找我咨询的郑勋便属于这类情况。正在读小学二年级的郑勋说，自己背诵九九乘法口诀表时总是出错，于是就忍不住在课堂上发起了脾气。有些同学们除了学习好，还擅长唱歌，只有自己没有长处，这令他十分伤心。正当他陷入"为什么我什么都做不好？"的自责中时，同桌提醒他解答这道题，于是郑勋便把长时间积聚的愤怒发泄到了对方身上。

就像树的种类不同，其生长速度也不一样，孩子们的学习和成长速度也不相同。每个人都想快速成长，那些成长速度慢的孩子即便不对别人说，我们也能想到，他们自己对此非常着急。如果这个时候我们拿着平均标准说道，"别人都可以，为什么你做不到"，这样只会让孩子的焦虑瞬间转变为自卑，而后这样的自卑感会让孩子想要成长的欲望都被吞噬殆尽。最终孩子会觉得，"我既然一无是处，那就什么都别做了！"

第八节
缓解孩子焦虑的 **3** 种方法

"其他同学都可以，为什么只有我做不到？"为了帮助郑勋摆脱焦虑，我们能做些什么呢？事实上，焦虑与其他情感一样，就像打地鼠的游戏，你一锤子打下去，它也不会真的消失。相反，如果一直看到冒出来的地鼠，焦虑会像滚雪球那样，越来越大。接下来我会向大家介绍缓解焦虑的 3 种方法。

1. 面对焦虑，先保持冷静，停下来

我们都知道，内心越急躁，即便是会的问题也可能会出错。解决某些状况，克服焦虑是最重要。但是反复说"不要这样想"，焦急的心情也不会有丝毫改变。焦虑就像一只看不见也摸不到的大手，扼住喉咙让我们窒息。任凭我们呼喊嘶吼、拳打脚踢，它都如影随形，最后只剩绝望常伴我们左右。那么我们究竟该做些什么来与这个"恶魔"战斗呢？

在这之前我们先来思考另一个问题：着火时我们首先要做的是什么呢？就是察觉到着火了这一事实。当意识到着火并对火势进行了初步判断，我们才会采取行动决定是自己去熄灭它，还是拨打119报警。焦虑也是一样。焦虑不会因为你的催促、抑制而消失。认识到自己很焦虑，就先停下来。如果孩子因为焦虑而手忙脚乱，重要的不是马上做出什么行动，而是先停下来帮助孩子调整节奏。要知道，为了不让孩子超速，懂得适时刹车也是妈妈的工作之一。

"想快点做完，但没成功，真的好郁闷呀！"

"好郁闷！""好伤心！""好焦虑！"当孩子说

出这些话语时，作为父母的我们请先理解孩子的心情。深陷焦虑的孩子很可能出现呼吸急促、身体僵硬等情况。遇到无法解决的问题时，比起一直纠结，喝一杯热水，或是深呼吸，做轻微的伸展运动可能更有效果。所以不要被焦虑所迷惑，只有暂时停下来才能摆脱它。

2.通过实践验证找到焦虑根源

焦虑常发生在想做某件事却不能按照自己的意愿进行、或担心以后的事情不会如愿解决的时候。也就是说，在问题尚未解决的情况下，人容易产生焦虑。担心眼下的情况会持续下去而产生的某种心理上的恐惧感，实际上也是焦虑。所以焦虑就像恐惧的另一张脸。

那么，我们该如何对待这种恐惧呢？首先，要通过实践正确看待恐惧。如果因为害怕而不做，只在脑中思考，恐惧就会发挥想象力，从而引发更大的恐惧感。试想若背诵九九乘法口诀表比其他同学慢半拍的志勋，脑中一直萦绕着"这样下去，只有我背不下来怎么办？"的想法，那该是多么可怕的一件事啊？这时如果能通过实践帮助他找到自己恐惧的根源或许能有效地缓解焦虑。"你看，你并非是完全不会九九乘法口诀表，你在 6 之前的部分做得很好，只不过是 7 以后有些难度，掌握得不熟罢了。这部分重点加强练习就可以了。"

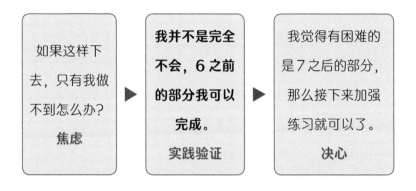

若这种焦虑的情绪被放大，又会产生怎样的后果呢？"连这么简单的九九乘法口诀我都不会，我还能干点什么呀！"诸如此类的自责越强烈，就越会被"我的数学无可救药"的自卑感所包围。而后滋生出的更深层的恐惧感会让孩子原本会做的题目也做错，这就很可能会让孩子产生"莫非我以后会一直这样子活下去？"的错觉。

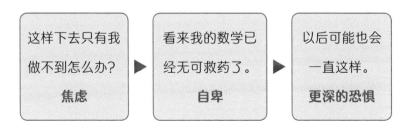

3. 帮助他们回想起成功的经历

孩子们容易陷入"草率谬论"。比如，原本孩子和朋友们相处得很好，但最近吵了几次架，他们就会说"我们每天吵架"。比如孩子擅长跑步，但有几次排名靠后的话，他们就会认为"我不会跑步"。孩子们也常常将类似的想法套用在学习上。虽然自己擅长加法，但乘法没学好，也会草率地下结论认为"我数学不好"。孩子就是这样（当然有时大人也会犯类似的错误）。

许多孩子常常在经过几次尝试后，如果看到事情进展得不顺利，就草率下结论："看来我做不到。"因此，他们会惧怕失败。这时，帮助孩子不让其陷入草率谬论的怪圈很重要。而父母要做的，就是帮助孩子想起自己以前的那些高光时刻，那些通过努力获得成功的时候。"没错，之前是有过这样的经历"，只要孩子能对自己说出这样的话，就表示他们正渐渐远离焦虑。

如果很难做到上述这些，那么就请帮助孩子从其他角度来看待此刻身处的境遇。我曾经问过背不下九九乘法表而陷入自卑的郑勋："郑勋，如果你的朋友诚州背不下来口诀表，你会对他说些什么呢？"思索了片刻，他回答道："嗯……我可能会先问他练习了多久，告诉他再练习一周可能就会成功。"郑勋在说这话的时候表情略有些尴尬。当被问及原因时，郑勋说："临近听写考试时，我每一天都抽时间练习，但是背诵九九乘法表并没有非常努力。"回到家的郑勋真的练习了九九乘法表吗？事实上，当我们用话语引导孩子去思考自己努力的过程时，他们会对自己的现状有一个清楚的认识。

将焦虑转换为机遇的方法

为了避免孩子的焦虑转变为自卑，很重要的一点是不要与其他人作比较。要知道，**所有的焦虑都是源于比较。**当陷入"为什么我不行，他却能很快完成"时，对比的力量会让焦虑放大。如果这时候从父母、老师那里也听到"为什么只有你是个例外"，毫无疑问，孩子内心的焦虑更是显而易见。

此刻，斩断焦虑的第一步就是帮助孩子看清自己，而非与人对比。孩子发现了自己擅长的事情，并且意识到自己能独立处理某些问题之后，才会正确地看待自己。

把焦虑转化为机会的第二个方法就是改变对焦虑的

看法。如果我们把"焦虑"看成是问题，我想，大家可能会为这个头痛的问题时时担心。不如换个角度，当期望落空产生焦虑时，给自己这样的心理暗示：也许解决了这部分就能得到进一步发展，迎来"全新的开始"。**那么焦虑也许会成为迎接另一个机会的好契机**。请帮助孩子们把困难的部分视为转折点，而非问题点。从不同的角度去看，焦虑就会转换成机会。

小心！请注意这样的话语！

"到现在为止除了这个，其他的都不会吗？"

"这个问题妈妈都给你说过多少遍了！"

"别人都会为什么只有你不会！"

"在朋友面前丢脸也无所谓？"

以上这些话很容易将孩子焦虑的情绪转化成自卑感。

请记住，孩子比任何人都想做好，将孩子与其他人做比较，责怪、质疑他的能力，只会让孩子感受到羞愧，感受到自己一无是处的低落。如果被羞耻心和无力感所包围，无论面对怎样的机会，也很难再去挑战。所以，为了不让孩子的焦虑转化为自卑，作为榜样，大人们也要缓解并控制自己的焦虑。

将焦虑转化为机会的妈妈的话语

"九九乘法口诀表中哪个部分对你来说有困难呢？"

★ 确切地问孩子，究竟哪部分对他有难度。

"前面部分你自己能解决，而这个部分稍稍有些难度，所以你才来寻求妈妈的帮助，对吧？"

★ 请向孩子指出自己可以独立完成以及需要家长帮助的地方，并告诉孩子他们并不是什么都完成不了。

"上次这部分对你来说很难，这次你竟然自己就能解

决了！"

★ 告诉孩子他们成长的细节，即便它是那么微小。
要知道，那些成长中的细节恰恰能让孩子对未来充满
希望，即便是那些总认为自己一无是处的孩子，亦是
如此。

"以前觉得听写都困难，这次竟然可以做得这么好！"

★ 帮助孩子回想过去通过努力获得成长的经历。当
他们想起之前是如何克服焦虑的，就能重新找回自信。

"现在，只要学会这部分就可以了"

★ 现在让孩子感到困难的点可能是今后学习中最能
让他们成长的部分。与其错误地认为它妨碍了自己，
不如将它视为成长的契机。毕竟看待焦虑的角度不同，
带来的结果也不尽相同。

第九节
培养孩子的成长型思维

围棋高手曹薰铉在《高手的思维方式》中表示，胜者复盘是获胜后的习惯；败者复盘是为胜利做准备。在放错一颗棋子就会满盘皆输的极度高压之下，曹薰铉又是如何做到镇定自若的呢？我想，他可能也会紧张，只是对于失败本身，他的恐惧要比常人少一些罢了。

每个人都会有摔倒的时候，蹒跚学步的孩子摔倒是自然的，新手刮到车也是正常不过的，曹薰铉也有饱尝失败的日子，甚至英才也有新手时期，可以说新手时期对任何人都很公平。但是有的人可以平稳度过这个时期成为一名优秀的司机，而有的人则会把驾驶证扔进衣柜。究竟是什么造成了这样的差异？

世界并不区分胜利者和失败者

著名学者本杰明·巴伯表示："世界不分胜者和败者。只有想学习和不想学习的人。"他的话强调了学习的重要性。当然，前文提到的新手司机有差异的例子也在于此。把驾照丢进衣柜的新手司机更关注自己的失败。他们觉得"自己一直刮车，不适合开车"，于是轻易放弃了驾驶。但优秀的司机有所不同。"现在我一直刮车，怎样才能做到不刮车呢？"他们以失败为契机，努力向前迈进。这不就是曹薰铉在书中提及的"为胜利做准备"吗？在失败面前，高手时刻在为胜利做着准备。

| 一直刮车
不能再开车了 | ▶ | 失败经验
选择放弃 |

一直刮车 怎么才能避免呢?	▶	失败经验 继续挑战

在失败面前不泄气,要做好"赢的准备",最重要的是什么呢?我认为就是**"在成长过程中秉承'相信'的态度"**。斯坦福大学心理学教授卡罗尔·德韦克(Carol S.Dweck)在《终身成长》一书中强调了看待生活的两种态度。

其中一个就是"固定思维",所谓固定思维就是认为人的才能与能力不会改变的一种想法。每个人一开始都会有强烈的学习欲望,即便是婴儿也是如此。孩子们每一天都在竭尽全力地学习、成长,会为充满新意而好奇的东西着迷,什么都想摸一摸,什么都想去模仿。即便无数次摔倒在地,也不愿意放弃走路。那为什么这些曾摔倒无数次依旧爬起的孩子们会在某一瞬间就选择轻易放弃,不愿意为成长而努力了呢?卡罗尔·德韦克教授强调说:这是由于"固定思维"禁锢了孩子学习的欲望。一旦固定思维影响了孩子,他们就会在遭受挫折后,放弃努力。

但是也有在失败面前不气馁的人，也就是拥有第二种态度——"成长型思维"的人。所谓成长型思维是指，认为能力无论何时都能得到改善的一种想法。抱着这种态度的人会将挫折和逆境视为成长的基石，会为了自己的进一步成长而不懈努力。

"我的才能和能力是天生的，改变不了" "失败了！这是我的极限了"	"能力完全可以提高" "失败了！接下来该怎么做才好呢？"
固定思维模式	**成长型思维**

"know-it-all"（知道全部）与"learn-it-all"（学习全部）的差异

2019 年，世界对微软的"复活"感到惊讶。在 IT 市场上被认为已经过气的微软公司度过了 15 年的低迷期后成功"复活"。让微软重生的背后那个人叫萨蒂亚·纳德拉。在他就任总裁的 5 年中，微软的股价上涨 265%，并且重新登上美国市价总额榜首。那么，5 年内重新创造微软奇迹的秘诀究竟是什么呢？萨蒂亚·纳德拉将其归功于"组织文化的力量"。

据说微软走下坡路的时候，公司内部奉行着"know-it-all"文化。这种"我们全都知道"的文化氛围，导致员工对行业的变化或新的机会完全没有好奇心。但是这种文化氛围在萨蒂亚·纳德拉上任后，发生了改变。2014年，微软官网上出现了"停止学习的瞬间，生产性活动也会停止"的标语，开启了"learn-it-all"的全新企业文化。此外，只要一有机会，萨蒂亚·纳德拉就会鼓励大家学习、读书，努力培养员工的成长意识。他在采访中说："我们需要创新和能力。但是只有创造出培养这两样东西的文化，创新和能力才能够生根发芽。"他强调称，**培养成长型思维，环境十分重要**。这便是他与其他公司 CEO 的不同之处。萨蒂亚·纳德拉强调，员工应具备成长型思维，并指出**作为企业管理者，应该创造培养成长型思维的环境**。为了落实成长型思维战略，他还制定了管理者的三大行动方针："Model、Coach、Care"。

关于"成长型思维"微软的指导方针

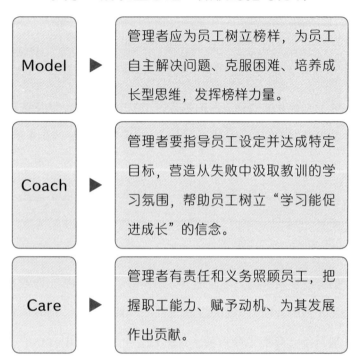

Model	▶	管理者应为员工树立榜样，为员工自主解决问题、克服困难、培养成长型思维，发挥榜样力量。
Coach	▶	管理者要指导员工设定并达成特定目标，营造从失败中汲取教训的学习氛围，帮助员工树立"学习能促进成长"的信念。
Care	▶	管理者有责任和义务照顾员工，把握职工能力、赋予动机、为其发展作出贡献。

　　卡罗尔·德韦克教授强调的"成长型思维"概念对人很有激发性。她主张用积极的学习态度，激励人们不要因失败而受挫的主张是非常具有说服力的。但遗憾的是她的态度和某些观点有时会被人们曲解。"为什么只失败了几次就畏缩不前？""你要有自信！"常常有父母这样责备孩子。

听到这类话语的孩子会作何感想呢？可能他们会陷入"为什么我做不到？看来我真的很无能"这无尽的自责之中吧！在成长过程中，失误和失败是必然的，但是因此遭受指责，孩子可能就不敢再尝试了。有人可能会说，不要太过在乎他人的评价。但是就像对学习和成长有欲望一样，想要得到他人认可是人类与生俱来的特点，消除人被人认可的欲望就等于消除对成长的渴望。

正确理解了这点的萨蒂亚·纳德拉致力于构建培养成长型思维体系的环境，并主张要重点改变管理者的思维方式。其实，作为父母的我们也是一样的。在养育孩子的过程中，应该营造良好的环境，培养孩子的成长型思维，成为孩子的成长伙伴，而非只知道责怪、唠叨。

第十节
请父母也说出自己的失败经历吧

我想，每一对父母可能都经历过"新手时期"吧！都有过加减乘除算错的经历，都有过因计算失误气愤到踢桌子的经历。正是有了过去的那些失误，如今的我们才少走了许多弯路。我们深知在自我成长的路上，失误和挫败理所应当。然而，我们可能忽略的是，孩子们并不了解这点。

对孩子来说，父母是无所不能的超人，是守护自己的巨人。作为家长的我们也一直努力在孩子面表现出坚强的样子。所以孩子会自然而然地认为，"妈妈永远是我坚强的后盾，爸爸永远会给予我无限的支持"。但我们都清楚，凡事过犹不及，孩子这种想法也会成为他们成长的阻碍。

京厚是学校的模范生，不仅成绩出色，受老师喜爱，每每提及他周围的同学也是称赞不已。但即便如此也依旧存在着另他恐惧的东西——全新的尝试。"京厚很擅长解答学过的问题，只要这个知识点他见过，都能处理得很好。但是一旦离开熟悉的地方进入新的环境，他就会突然安静下来，是一个对变化非常敏感的孩子。看到他害怕挑战的样子，不免让人惋惜。"京厚的班主任这样评价道。那么，对于模范生京厚来说，他又为何惧怕挑战呢？

京厚极度害怕失败。在得到父母和老师的称赞时，他会高兴得手舞足蹈；在稍微出现一点差错时，又会陷入深深的自责。一天，京厚找到我，对我说了这样一番话："老师，家里只有我一个人做不好。"我很好奇为什么京厚会有这样的想法。原来京厚的爸爸老来得子，京厚虽然上边还有一个哥哥，但两人的年龄差距很大。父母对京厚寄予厚望，一直鼓励他。所以才会有京厚说的，"爸爸妈妈还有哥哥他们无所不能"。

对京厚来说，父母和哥哥是很好的榜样。哥哥在高中时期当过学生会主席，几乎包揽了所有的奖项。父母也在各自的岗位上做出了一番成就，获得了周围人的尊敬。看着这样的亲人，我想京厚应该也想成为那样的人吧？况且他的父母也一直鼓励京厚，并说："你完全可以比我们做得更好。"但对于京厚来说，父母也确实存在着不足的地方，就是**关于失败和努力的经验之谈**。

父母和哥哥经常会对京厚谈论起成功的经验。"妈妈，这次考试我得了一百分，这样下去，当班级第一名应该不成问题。""今天研讨会的发言得到了妈妈的夸奖，其他同学的妈妈也表扬了我"。京厚的家人就是通过这样的成功之谈相互鼓励、共同进步。但是这样的经验之谈有时也会让京厚沮丧，渐渐陷入与别人做比较的境地，认为"哥哥在班级里是第一名，爸爸妈妈在工作中很出色，而我什么成绩也没有"。

"老师，我哥哥每次都是 100 分，但我却常常失误得不了满分。"畏缩的京厚对我说道。但是京厚母亲的话却和他不一样。"老师，京厚的哥哥很淘气，根本也没有好好学习，他小学的时候还没有京厚懂事、好学呢！只是因为哥哥后来懂事了，自己有了目标所以才努力的。"

京厚与母亲的说辞为何存在差异呢？理由很简单。京厚没有看到哥哥失败的时候，哥哥也没有向京厚讲述过自己失误的经历，他仅仅把做得好的那部分非常骄傲地传达了出去。京厚的父母也未曾向京厚提及自己失败的经历。所以京厚才会有了"父母和哥哥天生就是无所不能的超人"这样的想法，因而在每次看到哥哥成功、自己失误时，给自己贴上"我什么都做不好"的标签。

因此，**我们不仅需要告诉孩子成功的经验，还要告诉他们失败的经历。**"妈妈也曾有过那样的时候，所以我很明白你的感受。但现在回想起来，这些都算不了什么。""爸爸最初的时候也理解不了，也很郁闷。但是仔细想来，郁闷好像也没有什么用。既然不会那就学吧！于是就找来老师推荐的几本书慢慢钻研，后来我也渐渐理解了。"诸如此类的失败经验、失败后努力的经验，都是需要传达给孩子的。只有孩子发现无所不能的父母也有过犯错的"新手时期"的时候，他们才不会放大自己的失误，才会产生"再试一次"的想法。

培养孩子成长型思维——妈妈的话语

✅ "妈妈也曾遇到过这类情况"

请成为孩子的榜样。不要总在孩子面前展现出一副时刻成功、帅气的面貌。希望在你感到郁闷、伤心时，孩子也能看到你不放弃、努力改变处境的样子。"原来妈妈也如此努力啊！"，感受到这点，孩子就不会小看努力的价值。

✅ "你在这个过程中学到了很多东西"

当孩子遭受失败、内心受挫时，不要把焦点放在孩子的失误上，而是应该想想怎么才能让孩子不要纠结于失败的结果。因为面对失败最受伤的人是孩子。请不要以没有取得想要的结果为由，忽视孩子努力的过程。"我知道科学实验很困难，但即便如此，你能挑战，真的很棒很勇敢。你苦思冥想定下研究的主题，亲自实验，真是付出了很大的努力。在这个过程中你学到了很多东西。即便不是现在，我想总有一天，会对你有所帮助。"希望通过这些话，提醒孩子不要忘记学习的重要性。

✅ "每个人的学习速度可能都不一样"

有时即使努力了，最终也会因为事与愿违而沮丧。这时为了不让孩子轻易放弃，控制情绪很重要。请充分理解孩子伤心的心情，告诉他们每个人学习的速度可能都不一样。

"学骑自行车的时候摔了几次，但滑旱冰你很快就学会了。每个人擅长的领域都不一样，学习的速度也不一样。不过现在怎么样呢？你骑自行车骑得也很好呀！只是需要多加努力而已。这个妈妈可以保证。"

孩子们有时也需要妈妈的"保证"。就像马拉松比赛中的领跑者一样，孩子们也需要优秀的领跑者。只要妈妈保证孩子现在所做的努力没错，就会给疲惫的孩子再次迈出一步的勇气。

第四章

母亲的对话法——维持
良好的亲子关系
亲子关系良好，成绩也
会随之提高

　　我们每个人都想了解自己，都抱有一展宏图的想法。

　　但若是没有发现自身能力的机会和条件，孩子就会回避成长，拒绝挑战。

　　为了帮助孩子，让他们想去学习，需要让他们体会到亲切感，体验到被尊重。

　　就像给予种子适当的雨露和阳光一样，

　　经历过被认可、认为自己有价值的孩子才会自然而然地发挥自己的力量。

第一节
孩子喜欢学习的秘密

"老师，我现在要去数学补习班了！"咨询结束后，京爱一边说道，一边露出了灿烂的微笑，好像一直在等着去补习班似的。这时旁边的善宇插了一句："你又想去问老师问题了吧？老师，您知道吗？京爱非常喜欢补习班的数学老师，自从这位新老师来了以后，她学习非常努力。"其实上述对话中便存在着京爱喜欢数学的一个明确的理由：因为喜欢数学老师。

仅仅是因为喜欢老师才喜欢学习吗？很有可能。事实上无论是谁都有喜欢的老师，我也一样。高中时我们班的同学都很喜欢数学老师，就算是午饭过后也不打瞌睡，而是全神贯注做着数学题。这并不是因为数学本身有趣，而是因为大家喜欢数学老师。就算把最难的数学题一下子解出来都不足以让我们喜悦，而让我们真正喜悦的是能向老师面对面提一个问题。

高中时期我们喜欢的数学老师从未向我们详细说明过数学对于人生有多么重要的意义。只是因为老师喜欢数学，我和同学们才喜欢；只是因为老师认为数学很重要，所以我们才这么认为。那么我们说学习是受人之托，这样也可行吗？

美国教育心理学家艾克尔斯（Eccles）强调称，如果孩子能够身处一个充满支持的环境中，即便是大人的价值观和目标也能被孩子很好地接受。其实大家都一样，只要感受到了来自某人的鼓励和支持，就越想与那个人相似。主张"自我决定理论"的爱德华·德西（Edward L.Deci）和理查德·瑞安（Richard M.Ryan）也表示：越是能满足自主性、胜任能力、关系联结等基本需求，就越容易将外部价值内化为"我的价值"。

第二节
遗传的不仅仅是 DNA

"我孩子太像我了，这是遗传吗？"宥珍妈妈说，宥珍甚至连害怕小狗都和她一样。她说，希望孩子遗传好的地方，并不希望不好的地方也像自己，处处一样真的令她害怕。这种样子真的是由 DNA 决定并遗传的吗？

当然，遗传的力量不可忽视。父母的 DNA 不仅对孩子的身高，而且对长相、健康也产生了很大影响。**但是像遗传基因一样具有强大作用的，还有环境。**现今随着各种快餐和外卖饮食的盛行，营养不均衡的儿童越来越多，与父母那一代不同，小儿糖尿病和小儿肥胖也越来越严重。这种环境甚至对孩子的外貌也产生了影响。

重新回到主题。妈妈"害怕小狗"这一行为真的会通过 DNA 遗传给孩子吗？并非如此。但宥珍和妈妈一样害怕小狗肯定也是有原因的。其根源在于脑中的镜像神经元。神经元是构成神经系统的基本单位，起到从身体的一个部位向另一个部位传达神经信号的作用。

镜像神经元，正是以模仿别人的行动而命名的。当某人带着特定意图做出动作时，大脑就会试图去模仿刚才看到的动作。4 岁孩子用四个手指就能轻松滑过手机页面，其实并非偶然，而是在多次观察过大人们的动作后模仿的结果。孩子们通过这样的过程模仿他人行动来学习。

与上述原理类似，父母的想法和价值观也可以传达给孩子。心理学家科尔斯表示，通过与父母、老师及周围人的相互作用，孩子会直接或间接地接收他们的想法和价值观。宥珍和妈妈一起见到小狗的时候观察到了什么呢？"天啊，好可怕！"妈妈的话语、妈妈皱眉的样子、妈妈挥手的动作等，这些信息都会传递给宥珍，让她认为"小狗可怕"。

当然，这也不能看作宥珍妈妈的错。因为妈妈也是通过某段时间的经历刻印了这样的信息。另外，也并不是说妈妈害怕狗，孩子就一定会怕狗。孩子虽然从父母那里接收到了危险的信号，但这仅仅是一种暗示，他们会发挥主动性，重新将这些信息在大脑中组合。

那么，与学习相关的态度是否也可以通过观察来学习呢？答案是肯定的。许多研究人员认为，父母对特定科目持有的价值观可以传递给孩子。即如果父母认为"音乐对于人生很重要，学习音乐是一件非常有价值的事"，那么这样的价值观也会传递给孩子。

但是这个过程中，"话语"并不重要。一项研究表明，看到老师热情上课的样子，孩子就会觉得老师真的很喜欢这门课，这种感觉有利于提高孩子对该科目的兴趣。通过这些我们可以知道什么呢？那就是，父母遗传给孩子的不仅仅是DNA。除了DNA，孩子还会自主去学习接收到的其他信息。孩子能够更好地学习，秘诀在于"关系"。

第三节
产生学习欲望的"关系的秘诀"

"那么，喜欢老师就会喜欢上学习吗？"大家可能会有这样的疑问。当然，不总是这样的。如果遇到喜欢学习的老师，孩子们也许会对课程产生兴趣，但把这种兴趣落实在行动上就又是另一回事了。特别是假如父母过分强调学业，给孩子过多压力的时候，孩子对学习会变得反感，厌学的情绪只会越来越强。

到底怎样的"关系"才会让人产生学习的欲望呢？美国心理学家亚伯拉罕·马斯洛（Abraham H.Maslow）

在其"人类需求五层次理论"中给出了提示。马斯洛称，**人类都有五种需求，而且这五种需求是有顺序的**。他认为，其中最基础的是"生理需求"，比如吃喝拉撒等，只有先满足这些生理需求才会有更高层次的需求。接下来就是"安全需求"。如果衣食住行已经得到了解决，那么安全的生活环境就显得重要了。

在一定程度上满足安全需求后，人们自然而然会上升到对爱与归属感的需求，而后是想要被尊重、认可的需求，最后是自我实现的需求。马斯洛强调，**人们都想满足这五种需求，但也要根据顺序，从最基础的开始**。

马斯洛需求层次理论

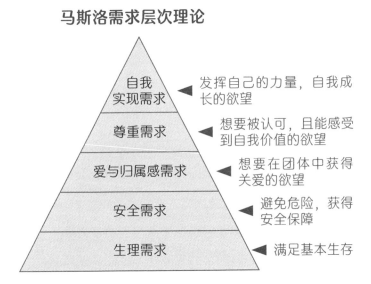

自我实现需求 ◀ 发挥自己的力量，自我成长的欲望

尊重需求 ◀ 想要被认可，且能感受到自我价值的欲望

爱与归属感需求 ◀ 想要在团体中获得关爱的欲望

安全需求 ◀ 避免危险，获得安全保障

生理需求 ◀ 满足基本生存

现在让我们再次回到因为喜欢数学老师所以才爱上学习的京爱的例子上。因为妈妈的唠叨，要去补习班的京爱有着怎样的需求呢？

毫无疑问，就是"安全需求"。因为她去补习班的目的是**避开妈妈的唠叨**。

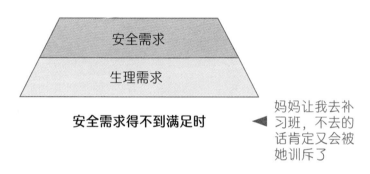

安全需求得不到满足时 ◀ 妈妈让我去补习班，不去的话肯定又会被她训斥了

但是由于喜欢老师，对老师的信任感一点点加深，京爱也出现了变化。其原因在于**满足了京爱归属感的需求**。现在对于京爱来说，去补习班上课不再需要妈妈的催促，而是**随着归属感得到满足，数学课时间成了她和老师亲近的时间，成了她和同学之间互相学习、互相了解的时间**。

爱与归属感得到充分满足时 ◀ 老师和同学们都很好，我也想和他们一起学习

看到总强调学习的父母，孩子也是一样的。平时感受着父母对学习的想法和态度长大的孩子也会产生"学习很重要""学习即便辛苦，但也会令我成长"的想法。但是，如果和父母的关系不好又会怎样呢？如果考试分数下降，孩子只要一想到要挨批评，就开始害怕，不想回家了。对于这些孩子来说，学习就是为了不被训斥，是为了满足"安全需求"的一种手段。因此，愉快学习的感觉，根本一点都没有。

自主学习的秘诀就在这里。缺乏安全感的孩子们根本找不到其他能让自己努力学习的理由，他们做的一切都是为了避开妈妈的唠叨而已，是没有办法，才去坐在书桌前，根本不是出于自愿。这样下去是非常危险的，孩子不会永远害怕自己的父母，所以总有一天，即便父母说"不好好学习以后连工作都没有"的时候，孩子也会当成耳旁风。

但随着上述需求不断被满足，孩子会努力让自己成长。他们会产生想和老师、同学一起学习的欲望（归属感），进而希望得到认可（被尊重的欲望），在发挥自主性的过程中也会感到喜悦（实现自我的需求）。这里我们需要记住的是，任何人都想发挥自身的力量，这并非特定的人才具有的与生俱来的能力。

我们每个人都想了解自己，都抱有一展宏图的想法。但若是没有发现自身能力的机会和条件，孩子就会回避成长，拒绝挑战。为了帮助孩子，让他们想去学习，需要让他们体会到亲切感，体验到被尊重。就像给予种子适当的雨露和阳光一样，**经历过被认可、认为自己有价值的孩子才会自然而然地发挥自己的力量。**

几年前，在韩国 EBS 纪录片《0.1% 的秘密》中，介绍了韩国成绩排名前 0.1% 的孩子和父母的对话。节目以游戏和整理房间等敏感主题为主要内容，介绍了普通家庭组合的父母和成绩排名前 0.1% 的孩子父母到底有哪些不同。

成绩排名前 0.1% 的孩子与父母的对话

妈妈：不要像昨天一样，熬夜玩电脑了。

孩子：昨天的游戏真的太吸引人了。

妈妈：你制订个计划表，缓解下玩电脑的冲动，如何？

孩子：你觉得我会遵守计划吗？

妈妈：也对。你说过自己会看着缩短时间的，可能只是从我的角度看时间有点长吧。妈妈突然感觉有点羡慕你了，玩游戏竟然能产生内啡肽，可以让人达到那种忘我的状态，好像还不错！

（孩子脸上开始露出了微笑）

妈妈：玩可以玩，但要有所节制，妈妈的条件就是，玩也要记得运动，要以保证健康为前提。

孩子：嗯……

妈妈：可以吗？

孩子：这种程度的话，没问题。

——EBS 纪录片《0.1% 的秘密》

看到这个纪录片的时候，我被两个事实惊到了。首先，面对孩子玩游戏这一敏感问题，妈妈竟然可以笑着和孩子进行平静的对话，而不是提高语调大声呵斥。其次，是妈妈的口才。当听到孩子嬉皮笑脸地说："你觉得我会遵守计划吗？"我想大部分的妈妈应该都会很生气，但这位妈妈看到孩子忘我玩游戏的样子，却使用了"羡慕"的表达，认可了游戏给孩子带来的快乐。一定是因为妈妈认可了自己玩游戏，听到妈妈包含真心的话语，孩子脸上有点僵硬的表情也舒展开来了。妈妈和孩子的对话也正是从这个时候才正式展开的。

当然，在咨询室里我也遇到过双方无法交流的情况。就是在和非自愿来咨询的男生们见面的时候。像低年级学生或高年级女生的话，即使是非自愿来咨询室，但只要对话开始，他们也很容易对你敞开心扉。如果了解了孩子的情况，表现出对他们的好奇，就可以轻松地与他们进行对话。但是高年级的男生不同。"是的""是啊""不知道"，看到轮流使用这三个回答的孩子们，我觉得和他们搭话反而会破坏我们之间的关系，甚至还会有些挫败感。

这时我会用自己的方法来改善与孩子们的关系，引导他们敞开心扉。就是**对孩子们喜欢、关心的问题进行提问**。比如完全不想说话的成俊。我说："上次我看到你踢足球踢得很认真，你非常喜欢足球吗？"对于我的话，成俊有些吃惊，他这次的回答相对长了些（男孩们开始长篇大论时就表示对该话题很感兴趣，毕竟与简短的"不知道"相比，我更希望他说得多一些）。

"是的，我喜欢足球，放学后常会和朋友们一起去踢球。""那你有喜欢的球队吗？比如孙兴慜（Son Heung-Min）所在的球队怎么样？上一次，他进了一个相当不错的球。"听到这，成俊瞪大了眼睛斜眼看了看我（男孩子一旦开始斜眼看着我时，我通常会认为他们的内心已经敞开了一半。毕竟能让这些男孩子和你四目相对地对话，是一件相当困难的事）。"没错，老师您也是他的粉丝吗？"到了这就已经成功了一半。

对话就像共享彼此的世界一样。只有一步步进入彼此世界开始探索时，我们的世界观才会拓宽，新世界才能开启。但如果只是单方面想向对方展示自己，那必然存在问题。只有彼此相互探索才会对对方的世界产生好奇，单方面输出自己的世界观，只会让对方拉起防御的警戒线。和孩子们的对话也是如此。同孩子对话时，如果只想单方面传达自己的想法，对话就是失败的。为了让对话不失败，有必要去探索孩子的世界。成绩排名前 0.1% 学生的母亲对玩游戏的孩子的世界感到好奇，认可了通过游戏获得的快乐，因此才顺利地结束了对话。如果孩子不轻易走进我们的世界，该如何做呢？那就先进入孩子的世界。也许这就是成绩排名前 0.1% 孩子的父母拥有的秘诀。

第五节
进入孩子内心世界的 3 个步骤

走进孩子们的世界的方法主要有哪些呢？不管三七二十一就问"你喜欢什么"？当然不是。如果孩子就是紧锁心扉，你也会感到郁闷，最后根本没有兴趣再去尝试交谈。一旦遇到这种情况，先不要着急，这时就需要妈妈和孩子对话的艺术。为了进入孩子的世界，我们需要先明确三个步骤。

首先，**第一步是询问孩子关心的问题**。比如"最近流行什么游戏？""你经常玩的《英雄联盟》是个什么游戏啊？"，用这样的提问来提起孩子的兴趣。当然，这里需要注意一点，不要对孩子关心的事情做出评价和判断。这就好比去其他国家旅行时，对该国的文化不予评价而是认可一样。进入孩子的世界的时候也是一样的。不要判断他们的世界，要静静地观看。

第一步：了解孩子关心的问题	第二步：对孩子关心的事情给予认可，而后进行更深入的提问	第三步：一起体验
• 最近流行什么游戏呀？ • 你玩的英雄联盟是什么游戏呀？	• 和朋友们一起玩肯定很有意思吧！ • 玩游戏肯定能缓解压力吧！ • 你现在到哪个级别了呀？ • 你喜欢这个游戏还有其他的理由吗？	• 妈妈能试着玩一下吗？ • 妈妈试过才发现它真的很有意思，时间不知不觉就过去了，怪不得你这么喜欢玩。

第二步，承认孩子的世界，进行更深入的提问。外出旅游时，我不仅会去一些著名的景点，有时还会去当地犄角旮旯的一些胡同。著名的旅游胜地，道路修得很好方便人们出行；相反，胡同道路狭窄，行走并不方便。对于

胡同来说，虽然外表装饰得不是那么华丽，但颜色各不相同的大门，摆放在家门口的各式各样的花盆是当地居民生活的真实写照。现在该轮到我们去探索孩子们的世界了。如果有人对你表现出浓厚的兴趣，那你就会渐渐地对此人敞开心扉，产生亲密感，如果第一阶段已经成功踏入了孩子的世界，那么接下来就让我们在孩子的引导下开启旅行吧！当然面对作为导游的孩子，给予他们信任很重要。如果抱着猜测、评价、判断的心态，无论是谁都不会把自己真实的一面展现给你。

"是啊，那个游戏和朋友们一起玩应该很有意思，时间不知不觉就过去了。"请认可孩子的快乐。我们小时候只有出门才能见到小朋友，但现今不同，即便待在家依旧可以感受和朋友一起玩耍的快乐。像这样首先承认孩子的世界，我们才可以进一步探索孩子的世界。

有时用"你现在玩到几级了？"或是"你为什么喜欢这款游戏呢？"，借助这样的提问更能深入地走进孩子的世界。当我这样发问时，河苑显得异常兴奋，他说道："我们班的大部分同学都玩这个，老师您知道郑勖吧？他现在等级最高，不过是充值买道具才打到的，要是充值的话，那种程度谁都行。"一旦孩子愿意和你交谈，就意味着他已经打开了心扉，那么我们只要围绕孩子的兴趣点再继续交流就可以了。"是吗？河苑你不充值等级也很高吗？原来你是一步一步打上去的啊！看来你真是个做事情坚持不懈的孩子。"先指出河苑的长处，稍后再把它活用在进一步的对话中。

最后一个步骤就是和孩子一起体验。虽然因为新冠肺炎，如今实现"体验"有些困难，但是直至最近，韩国人依旧很热衷于"体验"。人们会在旅游时预约当地的烹饪教室，亲自去市场购买原材料而后制作食物，会去瑜伽中心和当地人一起学习瑜伽。因为超越了表面的听和看，用身体直接去体验会让旅行的余韵更加浓厚。

正确理解孩子们的文化，体验一下怎么样呢？我通常在见"足球迷"成俊前，会把关于孙兴慜的比赛都看一遍，还会向喜欢《英雄联盟》的正宇询问玩游戏的方法。因为我觉得只有理解了孩子们的文化，才能正确理解孩子的世界，迎合孩子的眼光。"这个游戏怎么玩？""时间过得可真快呀！怪不得你说没来得及看手表"，只有当孩子听到这类话语时，他们才会觉得："原来妈妈是理解我的啊！"

当然这里有一点我们不要误解。理解孩子的文化并不意味着盲目地支持孩子。体验孩子们的游戏文化是为了缩短与孩子心灵之间的距离，但我们也需要承认彼此的差异。就像我们体验异国饮食文化，也不需要改变自己的饮食习惯一样，"哦，这个国家原来吃的是这种食物啊！"怎么才算是正确地理解国家之间的文化差异？那就是承认它但不做出评价和判断。如果作为家长的你已经体验过孩子们的游戏文化，积累了与孩子的亲密感，接下来要做的就是向孩子介绍你的世界了。

第六节
唠叨和对话的差异在于话语中的亲密感

让我们再次回到成绩排名前 0.1% 的学生和父母对话的例子吧。那位妈妈承认了游戏会让孩子很享受,并说了一句:"妈妈突然感觉有点羡慕你了。"但是,这并不意味着家长鼓励孩子继续玩游戏。家长和孩子对话时,要表达出即便玩也要以运动和保证身体健康为前提的意图。那么,对于同意妈妈的话,说"这种程度的话,没问题"的孩子,与那些不反抗妈妈,却敷衍地说着"我知道了"的孩子,他们两者的差异又是如何产生的呢?

秘诀在于这位妈妈的话语中表达出了亲密感。看着孩子一直沉迷于游戏，妈妈可能很想让他立刻停止。但是这位妈妈却把真正想说的话放在后面，并不着急说出来，甚至使用了"内啡肽""忘我的状态"这类用语努力去拉近和孩子的关系。当孩子听到妈妈的话露出灿烂的微笑，即展露出敞开心扉的信号时，她才说出了自己想说的话。妈妈在好奇并充分理解孩子的情况下，说出"玩可以玩，但要有所节制"，孩子才接受了妈妈的建议。

就像两国为了搞好外交，必须要了解对方的文化习俗一样。想和孩子搞好关系，就应该先关心孩子的世界。如果暂时不能理解，可以一边保持好奇一边通过提问积累两人的亲密感。亲密感不是天生的，而是慢慢积累起来的。**当表现出努力理解孩子世界的样子时，孩子们也会开始关注你的世界。**唠叨和对话的差异就在于话语中的亲密感。对话中，当两人亲密感达到一定程度后，妈妈再去说自己想说的话也不迟。如果以"没有时间"为由在对话中疏忽了亲密感，那么与孩子关系崩溃也是"时间问题"。

减少两人亲密感的妈妈的话语

"这个有什么值得你喜欢的？"

★请不要轻易判断和评价孩子的世界。每个人关心的事情和喜好都不同。父母有时无法理解孩子的世界也无可厚非。如果担心孩子玩游戏的时间过长，请首先尝试比较亲密的对话，可以说："妈妈玩游戏时间长了眼睛会疼，你还好吗？"，而后以"眼睛只有充分休息后才能好好玩游戏，玩 40 分钟之后和妈妈一起去散步，好吗？"来结束对话，如何？

"你没写完作业就玩？"

★对孩子消极的期待会引起孩子的负面情绪。当然，看到孩子一直玩手机的样子父母可能会感到焦虑。这时倒不如对孩子抱有些好的期待。"我的女儿是不是做完作业了才玩手机的呀？"像这样，请向孩子显现出某些好的期待，稍稍改变下语气，对话的效果可能就会大大加强。

妈妈的话语（问与答）

问: **孩子明明在玩游戏,但我问他时,他总是装作没玩。我也绝不是说不让他玩,但鼓励玩游戏又有些违背自己的心,很矛盾。老师,面对这种情况我应该怎么做?**

答：对孩子表现出亲密感并不意味着无条件地鼓励和支持孩子。有时也需要表现出坚决的态度。但是在教育孩子之前，我们家长首先要思考这个问题："孩子为什么要撒谎呢？"假如我们在山上突然遇到了熊会怎样呢？我想，大家的第一反应肯定不是冷静应对，毕竟都被吓得魂飞魄散了，哪里还有时间去理性思考啊！也许孩子也是类似的心情吧？因为担心妈妈会教训自己，担心事情会变得更严重，担心游戏无法再继续玩下去，所以他们才会选择撒谎。

这种情况下我们首先要做的就是消除孩子的恐惧和忧虑。要明确的是，比起孩子的游戏习惯，**想用撒谎来掩盖发生的事实的这种习惯似乎更可怕**。"你不说实话，是害怕妈妈训斥你吗？妈妈答应你，不会因为玩游戏而训你。但是如果你不坦率，妈妈就真的会生气，我希望你能做个诚实正直的孩子！"家长应当直接告诉孩子什么行为是错误的。这也就是前文所提到的我们要表现出坚决的态度。因为孩子一旦养成了撒谎的习惯，这种习惯就会渐渐发展成为一种态度。当然这个时候孩子可能也会很苦恼，也就是说，孩子知道自己说谎是不对的，但坦然承认自己的错误确实不是件容易的事情，这也是对他们自尊心的一种挑战。所以这时请给出充足的时间等待孩子自己说出来。**比起父母焦急地追究，孩子自己认识到错误所在才更重要**。

如果孩子能够坦率地说出自己的问题，请对孩子说

"谢谢你能坦率地说出来"，并给予他一个温暖的拥抱。当坦率承认自己的错误时，看到伸出温暖的双手要拥抱孩子的父母，孩子才能体会到安全感。之后父母再去说起缩短游戏时间的话题也不迟。

第七节
寻找孩子身上的正能量种子

　　"我一向比较健忘。"忘记了咨询时间的惠仁看到我，不好意思地笑了笑。"是有谁说过你比较健忘吗？"听我这么一问，惠仁显得非常严肃，回答道："爸爸妈妈每天都这么说啊！说我从很小的时候开始就冒冒失失，经常忘词。"

　　就如同惠仁在介绍自己"是一个健忘的人"一样，我们每个人都有对自己的一种固有的认识。像"我冒冒失失 / 神经质 / 细心 / 沉稳"一样，个体在以往经验的基础上形成的对自己的概括性认识叫做"自我图式"（Self-schema）。那么，自我图式又是如何产生的呢？

惠仁之所以认为自己是一个非常健忘的人，有两个原因。第一就是惠仁的经历。过去忘记准备物品的经历、忘记与妈妈约定的经历，这种种都让惠仁在脑中形成了"又忘记了！"的图式。第二就是周围人的话语。孩子通常通过周围人对自己的反应来塑造对自我的认知。"你为什么这么毛手毛脚？""怎么又忘了？"听到大人们的这些话，原本就认为自己记性不佳的惠仁会更加坚定自身的想法。

这样的自我图式一旦被强化，很难轻易改变。那么，积极地运用自我图式又会如何呢？ 1968 年，美国心理学家罗伯特·罗森塔尔（Robert Rosenthal）在加利福尼亚州的一所小学进行了一项智力测验。研究人员随机抽取了 18 个班的学生，并告诉老师测试结果表明这些孩子接下来一年的成绩会突飞猛进（实际上，这只是随意列出的一张名单）。结果令人吃惊：这些被选中的孩子相较于其他人在智商上有了显著的提升。为何会出现这样的情况呢？

其秘诀在于老师的话语。从研究小组那里得到名单的老师下意识地对这些学生产生了期待，当老师期望某些学生有更好的发展时，他们会给那些学生更多的鼓励，对他们说一些充满信任的积极的话语。听到老师的话语后，孩子们会产生怎样的想法呢？"是的，我能做到！"孩子们会形成积极的自我意识。像这样，因周边积极的期待或关心而带来的积极效应被称为"皮格马利翁效应"。

如果妈妈的话语也会影响孩子的自我图式的话，把它活用到皮格马利翁效应中会如何呢？就像"我不草率"的自我图式不易改变一样，**拥有"我不会轻易放弃"的自我图式的孩子，即便遇到挫折也不会轻言放弃。**他们也许内心有过动摇，但也会因为"我不是那样的人，我可以做到"的想法而选择坚持下去。

为了让孩子能信任自己，挖掘并发挥自身的能力，妈妈们需要说一些积极肯定的话语。家长可以去找出每个孩子身上拥有的正能量的种子。一边生气一边说着"这个问题解决不了"的孩子，他的心里肯定也有想解决好这个问题的意愿。说着"不想解难的数学题"的孩子，他的心中也必然有想展现自己解题能力的想法。家长要做的就是找到这些种子，给它浇水施肥，培育它长大。只有被鼓励和信任浇灌的孩子，才能更加茁壮地成长。

第八节
孩子的存在感来源于家庭

"谢谢，我爱你，你是最棒的！"

"刚才对不起，你生气了吧？下次我会注意的！"

如果从恋人那里听到这些话，多大的怒火都会被消除。"对于那个人来说，我是个重要的人"，一旦确认了"我是个重要的人"，自身也就具备了被鉴定的存在感。当然，如果能不被周围人左右也依旧保持自身的存在感就更好了。但遗憾的是，人是社会性动物，所以我们不得不通过社会性关系来确认自身的存在感、衡量自身的价值。

存在感不仅对于我们大人来说很重要，对于孩子来说也很重要。在朋友中人气高的孩子认为自己有"存在感"；相反，没有人气的孩子会说"我没有存在感"来贬低自己。孩子会对自己的存在产生好奇，"我是个怎样的人呢？""我为什么出生呢？"，这时孩子周围的社会关系就会影响他们的存在感。

孩子们重视的"自我存在感"意味着我存在于某个具体环境中或者某个人的心里。当孩子发现"原来我在这里"时，就会确认自己的存在感。设想下，假如你在教室里，同学们都没有认出你，也不和你打招呼，只顾着自己咯咯笑，你还能感受到自己的存在感吗？明明课上在听讲，但听到的内容却完全理解不了，周围的同学都能答得上来，只有你不会的话，你会很难认为自己和同学们一起存在在教室里。在物理层面上看，坐在这里就是存在了，但心理上可能会感到距离很远，产生某种异质感。这会影响孩子的自我存在感。

"在家里我就像是一个透明人，想死的心都有了。"重度抑郁的蔡琳找到我时这样说道。当问到她为什么会有这样的想法时，蔡琳说出了这番令人意外的话："我跟爸爸妈妈说周末想去游乐场，但他们总是装作听不见。我分明说得很大声，怎么可能听不见呢？如果说不行，就直接告诉我理由不可以吗？为什么非要装作听不见呢！本来最近和朋友的关系不好，我已经够伤心的了，他们还要这样……我就是一个透明人。"面对不愿倾听自己的父母，蔡琳满脸愤愤不平。

"孩子的爸爸周末也很忙，我一个人没办法带蔡琳和弟弟去游乐场……如果一直推脱的话，又觉得不好意思，所以就含糊其词了。可能是因为这个，蔡琳才会这么说吧？"蔡琳的母亲用惊慌的声音说道。事实上，父母内心是充满歉意的。每一对父母都想把最好的留给孩子，带孩子去吃喜欢的东西，去想去的地方。然而在现实生活中这又很难全部实现。如果孩子眨巴着眼睛却听到了令人失望的回答，心里肯定会无比失落。这世界上怎会有对孩子不管不顾的父母呢？"妈妈总说要带我去玩，可屡次出尔反尔，难道父母心里根本没有我？"面对默不作声的妈妈，蔡琳就这样误解了自己的父母，觉得自己被无视了。

Tips

损害孩子存在感——妈妈的话语

"你知道些什么！"

"怎么还会顶嘴！"

"照妈妈说的去做就可以了！"

"……"（无视）

"但是你作业做完了吗？"（突然转移话题）

★ 损害孩子存在感的话语有哪些呢？只要是你听过的令你心情不好的话语，自然也是孩子不喜欢的。所以同孩子对话时，家长也要有换位思考的智慧。

第九节
被尊重的经历是萌发自我存在感的种子

我们都希望孩子能自信地生活，交到志同道合的朋友，做自己喜欢的事，有责任和担当。所以每当看到孩子不能说出自己的意见、被朋友摆布时，我们就会催促孩子说："别管你的朋友怎么想，说你想说的话！"

但是换个角度来想，对于孩子说的话，我们又曾经听进去多少呢？当然不是说家长要对孩子言听计从，而是说作为父母，不要忽略孩子的情感和想法。不要以孩子小、自己记性不好为由，把孩子的话当成耳旁风。有时一些父母会用"你知道什么！""按照妈妈的话照做就行"等话语来堵上孩子的嘴，殊不知这只会让孩子的存在感越来越低。

培养孩子的存在感，最重要的就是获得被尊重的经历。当自身的想法和意见得到尊重时，孩子的存在感必然会得到提升。在没有受到指责或批评的情况下，孩子才会说出自己真实的想法，这个过程会让孩子的存在感得到提升。经过持续的浇灌，存在感就会在孩子的成长过程中生根发芽。

在家中感受到存在感的孩子，在学校、社会上也都能表现出存在感。只有在家，这种心理上觉得最安全的场所里获得存在感，孩子才能在更大的世界里展现出自己的勇气。正如马洛斯的需求层次理论所说的，只有满足了被尊重的需求，才会产生发挥自己力量并实现自我成长的欲望。

尊重孩子的情感和想法——妈妈的话语

"也有这样的可能！"

为了不评价孩子的想法和情感，重要的是如实地"认可"。如果孩子说出了和我们不同的意见，我们通常会直接评价或令其改正。但在这之前，应该最先承认孩子的想法和情感。该如何做呢？接纳并不意味着他说的都是对的，而是说从孩子的角度上可以这样想。

"你怎么想呢？"

有时候孩子的问题一个接一个，猛烈的攻势常常令我们头大。我们之所以会对此感到压力，是因为我们总认为该回答全部的问题。其实不然，有时也要反问孩子。"你是怎么想的？"通过这样的提问，不仅可以缓解家长的压力，还可以培养孩子的思考能力，让他们说出自身的真实想法。要知道，思考的力量不是来自回答，而是来自妈妈的提问！

"这是个好问题！"

有时孩子会问："这样不行吗？这样应该可以吧？"他们不会像以前那样只是静静地听着妈妈讲话，而会用自己的逻辑去思考某些问题。孩子提出的这些疑惑恰恰是证明他们长大的依据。所以在这个时候，请不要错误地将孩子的思考逻辑视为"顶嘴"，反而应该适当地鼓励："嗯，有那样的可能""这是个很好的问题"，帮助孩子进一步思考，让他们说出的话有理有据。

第十节
请不要犹豫说"谢谢"
"对不起"

在日常生活中，培养孩子存在感最简单的话语就是"谢谢""对不起"，但是我们很少会对孩子这么说。出乎意料的是还有很多人认为"谢谢"这句话只有在对方给予自己很大的帮助时才应该说。另外，还有很多人觉得，"这没什么特别的，没必要""我是个大人怎么可以对孩子这么说呢？"，以此吝啬将它们说出口。假如稍微改变一下想法会怎样呢？这世上到底有多少东西是我们理所应当得到的呢？

早晨睁开双眼、呼吸着空气、没有病痛健康地活着、能够仰望蓝天、有守护自己的人在身边，这些都不应该称得上是理所应当享受的好事。就像在阴云密布的日子想念蔚蓝的天空，但却无法随心所欲地变换天气一样，我们也应该进行必要的思考，在这些凭借我们的力量无法左右的事情中，我们又对自己享受的一切表达了多少感谢呢？

我们曾有过仅凭孩子的存在就谢天谢地的时候。当孩子在妈妈的肚子里时，只要他存在着，我们就感觉自己拥有了宇宙一样，即使什么都不做，感觉到他的存在，我们就觉得心里特别的满足和安逸。有时孩子会在肚子里无缘无故地踢一脚，好像在发出"我过得很好"的信号似的，这都是值得我们感谢的事。仅凭借孩子这个存在就足以让我们对生活充满谢意。

但是不知从何时开始，我们开始认为孩子的存在是理所当然。就如同我们呼吸是理所当然的事情一样，孩子们走路、一字一句地读韩语、应该擅长加法都被认为是理所应当的。相比于"做得很好""辛苦了""真了不起"等，我们更多地开始说："连这个你都做不到吗？"理所当然地认为孩子是想要妈妈的帮助，于是教孩子："这个你应该这么做！"但各位家长请不要忘记，就像从深爱的人那里听到"谢谢，你是最棒的"时，内心的伤痛就会得到治愈一样，对于孩子来说，爸爸妈妈说的一句"谢谢"，也会成为世界上最好的治愈剂。

"对不起"这句话又如何呢？当犯错时，我们会满怀歉意地说一句"对不起"，当无法理解家人或爱人的心意时，也会感到抱歉。我们都不是完人，所以常常会犯错，有时还反复犯错，甚至还会口不择言。与其去想着如何变得完美倒不如鼓起勇气去承认自己的不完美，请谦虚地承认，我们不是无所不能的，一切都可能不完美，这时我们能说的就是"对不起"。

说一句"对不起"并不会让你被别人看扁，也不会让你变得渺小。它反而能让你发现自己身上的不足，当然有时它还是展现胸襟气度的一种方式。不要担心孩子会将你说出的"谢谢"认为理所应当，也不要担心孩子把你说的"对不起"视作父母的软弱。我也曾多次对孩子们说"谢谢"和"对不起"，而每一次孩子们也都会给我同等的回应，没有一次例外。对孩子报以感谢之情，孩子也会向我们表达感谢；对孩子报以抱歉的心情，孩子也会感受到父母的不易，这就是孩子。

妈妈的话语（问与答）

问："谢谢你"这句话是不是任何时候都可以用？

答：说"谢谢"时，我们可能会感到别扭，也会产生"这样也可以吗？"的疑惑。其实说"谢谢"的时候我们只需记住两点就可以了。

① 只要说和听的人觉得不奇怪就可以

举个例子。"谢谢你写作业"这句话听起来如何？可能听者很奇怪说者也很奇怪吧？从孩子的立场来看，写作业本就是应该做的，如果对于这点妈妈还要表示感谢的话，反而听起来很奇怪。所以这种情况下，"辛苦了"这类表达更合适。

② 培养存在感的话永远都是对的

"能做妈妈的女儿我真的很感恩""因为有你，真的很感激", 听到这类表达时我们的第一反应可能是尴尬或是吃惊, 毕竟我们很少听到或者说这样的话。但是随着时间的流逝, 我们逐渐发现, 这类话语说得越多, 我们的心情会变得越好, 听得越多也会越快乐。原因就在于这些话语提升了存在感。你相信自己是世界上一个重要的、珍贵的人, 而这一切都是从"谢谢你"开始的。

第十一节
唠叨里包含着"令人不舒服"的想法

　　"我为什么不能像老师一样说话呢？"在研讨会上一位母亲对我这样说道。她说，自己也想对孩子说一些积极的、鼓励的话语，但是把想法付诸实践并不容易。现今反倒因为自己的唠叨，让孩子离自己越来越远。看到为此郁闷的母亲，我握着她的手，说道："您的想法和行为我完全可以理解。因为您是一位母亲所以才会如此，但是母亲也是普通人啊！"

　　在与孩子父母进行商谈时，我也会特别注意一点，就是避免父母过度自责。

"啊，原来我说的话并没有多大效果啊！"有时某些程度的自省会促进自身的成长，但如果超出了限度也会起到反作用。"这一切都是我的错，我为什么要这样呢？""我怎么这么不会说话呢？"这种过分的自责对于自己是没有任何好处的。

我们有一个事实必须承认，即我们人类注定是不完美的。即便是妈妈的爱，也无法让自己孩子的一切变得完美，因为妈妈也是普通人，有时也会因为无法调整好自己的情绪对孩子表现出厌恶，有时也会变得不像自己。但越是这个时候越要避免过分自责。

我们常常对邻居家的孩子不吝赞美之词，但对自己的孩子却过于刻薄。对别人家的孩子可以做到理解、共情，但是对自己家孩子却不行。妈妈们总是觉得自己的孩子自己最了解，或是希望孩子能做得再好一些。出于这种想法，她们倾向于孩子不知道的都要补充，孩子不对的都要改正，这就是妈妈的心。想表达的东西很多但是和孩子在一起的时间又有限，最终这些话就变成了唠叨。

所以无需自责，该承认的就承认吧！在某些情况下妈妈对孩子的唠叨不可避免，但我们也不能把过分唠叨当作妈妈的错。既然也不能与孩子分开生活，那在这种"恶劣的条件"下，减少唠叨，修复与孩子的关系，父母又应该如何做呢？

看见缠在一起的线团，为什么内心会不舒服？

假设书桌上有一团乱糟糟的线团，现在我们要做的就是看着这个线团。此刻的你是不是心里莫名地有一种不舒服的感觉呢？看见缠在一起的线团，突然想去解开或是剪开它。实际上，当把线团的照片展示给上咨询课的妈妈们看的时候，大部分的母亲都会皱着眉头说，"我好想把它剪开"，可是这个线团到底做错了什么呢？它凭什么要遭受这种对待呢？

其实线团本身没有错。虽然看到线团有些人的内心会不舒服，但也会有不受影响的人。两者有怎样的区别呢？我认为，最大的不同就是"想法的差异"。对于我来说，"想要解开这些缠绕在一起的线"的想法让我感到不舒服。

我对隔壁家孩子和自家孩子的想法又是怎样的呢？

我遇到过一个哭得伤心欲绝的孩子，出于好奇，我问他是什么让他如此难过。他说，自己学习很努力但考试没有考好，所以就被老师训了一顿。如果他是邻居家的孩子，我们可能会说："自己努力学习的部分偏偏考试中没有考，你肯定很难受吧？老师也是过分，明明你都这么努力了，还要训你。没关系，以后还会有考试，下次好好考就行了，阿姨一直为你加油！"

这样的回答之所以优秀，秘诀很简单，就是因为相信了邻居家孩子的话。当孩子说，"我努力学习了，但没考好很难过"，我并没有加入自己的评价。于是我们看到了老师处理事情的不足，理解了孩子的心情，在鼓励他给他加油的同时，双方的对话也就圆满结束了。

但如果是我们自己的孩子又会怎样呢？"你确定自己努力了吗？昨天一吃完饭就去打游戏了！妈妈有没有让你再做一道题？行了，下次再努力就行了，还哭什么！"当自家孩子成为故事的主人公时情况一下子就变了，和对待邻居家的孩子不同，我们会开始加入自己的一些想法。站在妈妈的立场上，我们会从"我努力学习了"这句话开始对孩子的话进行检查。"确实努力了吗？昨天不是还在玩游戏？"一边质疑孩子的话和行为，一边努力地强忍着自己的愤怒。

当然，在这里不能无条件地指责妈妈做错了。看到孩子因为成绩不理想而流泪的样子，妈妈也同样难过。但是在这里我想说的是妈妈的"想法"。就像我们看见缠在一起的线团感到不舒服一样，听着孩子的话，妈妈也会很容易产生类似的想法："事实真的是他说得那样吗？"而恰恰是这样的想法，才会令妈妈难受。

第十二节
唠叨之前，请先倾听

妈妈们常说："我的孩子没人比我更了解，看到他的表情我就知道他心里在想些什么。"但这是真的吗？

我们暂时先搁置下关于孩子的讨论。回想下我们经常使用的一万韩元纸币。一万韩元上是什么图案呢？我想大家不用思考也都知道，是"世宗大王"的画像。但世宗大王的背后还有一幅图，大家还记得是什么吗？那就是《日月五峰图》。日月五峰图里描绘了五座山峰、日、月、松树等，它主要出现在朝鲜时期国王御座的刺绣屏风上，象征着国王的威严。因为这幅画总是放在国王身后，所以一万韩元纸币上世宗大王的身后也出现了这幅日月五峰图。那为什么我们会忽视它呢？

实际上"眼见为实"这个成语并没有错。只是有一点我们很容易忽略：**我们想象的、自认为的东西比实际看到的要多得多**。我们自认为熟悉的一万韩元纸币，真的清楚吗？如果此刻再拿出一万韩元纸币，以前完全没有看到的日月五月峰现在也非常鲜明了吧。

这也是我在谈论孩子这一话题的过程中突然提到一万韩元纸币的原因。日月五峰图一直存在于一万韩元的纸币中，刻印在世宗大王的背后，但是我们只关注了世宗大王，至于他背面有什么就完全没有在意。这与我们看待孩子并不全面是一样的道理。**我们自认为对孩子了如指掌，所以常常不听孩子把话说完。殊不知这便是一切问题的开始。**

一直以来，我们总是习惯于说自己想表达的话，而不倾听孩子的想法。对于孩子所说的没有完成作业的理由，我们脑海中首先浮现的是孩子刚刚玩游戏的样子，于是认定孩子的话都是借口，只有自己看见的才是事实。但是我们只顾着放大自己的想法，却忽略了孩子玩游戏这一行为背后的东西。我们真的了解孩子吗?

唠叨中存在,但对话中没有的东西

"真不想听妈妈唠叨!虽然很想和妈妈聊天,但妈妈一直唠叨,我真的难以接受",秀贤撅着嘴抱怨道。"秀贤,你知道唠叨和对话有什么区别吗?"听了我的话,秀贤思考了片刻而后说道:**"唠叨会让彼此不痛快,但对话不是。对话是一个相互分享的过程。"**没错,唠叨会让说者和听者都痛苦,而且大部分的言语都包含着"指责"。

"我说没说过要把衣服放进抽屉里?"
"你不知道要做完作业才能玩游戏吗?"
"我是不是告诉过你吃完饭要刷牙!"

唠叨是单方面的输出。说者只顾自己表述,不考虑听者的想法,认为对方只要听着就可以了,如果对方稍有反驳,还会引发争论。

另外,只存在于唠叨之中,对话中却没有的——判断与质疑。

"没写作业吧！"

"你又玩游戏了吧！"

"你是不是又欺负妹妹了！"

唠叨中常包含着对某件事的判断。孩子们一向不愿意对妈妈"定好的答案"进行反驳。"说也没用啊，反正她也不会听。"秀贤在妈妈面前很自然地闭上了嘴。孩子越是闭口不语，妈妈就越会认为孩子在无视自己的话，反倒会越生气。于是便反复出现这样的恶性循环，最终双方因为唠叨而伤害了彼此。

"老师，我当然也不喜欢唠叨，我一唠叨孩子就会和我吵架，但如果我不说，他无论如何都不做，我也没有办法啊！"秀贤妈妈为难地说道。每位家长都希望自己的孩子能做好，如果说了好几遍孩子才勉强去做，妈妈也难免会郁闷。其实妈妈们也想停止唠叨，但就像上面的例子，作为母亲，很难做到不再唠叨。遇到这类情况，减少唠叨的方法是什么呢？

第十三节
减少唠叨的 3 种技巧

　　唠叨都是些互相伤害的话，就像秀贤说的那样，唠叨只会让彼此心痛，并且毫无作用，并不会有什么行动上的改变。但是，要忍住唠叨，确实是一件很难的事情，能够忍住不说自己很想说的话，需要很大的勇气和忍耐力，因此，我们必须努力。并且应该相信，没有任何方法能让母亲不通过努力就能减少唠叨。在这里我想向各位家长介绍 3 种能够减少唠叨的技巧。

1. 区分想法和事实

当孩子把袜子翻过来一股脑扔进洗衣机的时候，大家会想到什么？

"我都说了几次了，他就是嫌麻烦，所以才随手乱丢袜子的。"

"是把我的话当成耳旁风了吗？"

"这孩子怎么一点都不随我，简直和他父亲一模一样，乱丢东西，一点好的习惯也没学到。"

看到孩子脱下袜子，我们会很快地联想到各种场景，做出预想和假设，这种习惯被称为"自动化思维"。在认知治疗中所说的自动化思维，是指大脑中自动产生的思维、观念和想法。它们是自动出现的，无须努力就会产生，而且听起来似乎很合理，并具有不自主和随意的特点。另外，自动化思维具有某种极端性，比如对某件事极端地确信，表述中常会用"分明是""一定会"，以及与之类似的语言。而这样的表述只会煽动唠叨，让其无休止。所以，减少唠叨要做的第一件事情就是减少自动化思维。

检查自己是否陷入了自动化思维的方法就是，自己是否明确地区分了想法和事实。让我们来看看上面的例子，这里的"事实"是孩子把袜子翻过来放在了洗衣桶里，但是"因为嫌麻烦，随手就脱掉了""把我的话当成了耳旁风""孩子随了爸爸"这些都属于"想法"。那么，我们为什么会有这样的想法呢？

2. 检验自己的想法

如果你能够区分事实和自己的想法，并且检验自己的想法，就能摆脱自动化思维，从而减少唠叨。

▶ 这么想的理由是什么呢？

"上次我说让他不要把袜子翻过来的时候，他回答得好像很不耐烦。所以这次，当孩子回答我的时候我就想，袜子又要被他翻过来了吧。"

"最近，不论我说什么，孩子就只说'是'。回答很随便，感觉好像很无视我。所以我才有了这样的想法。"

"我丈夫平时只要一喝酒，就会把袜子翻过来，衣服也会随便乱丢，我觉得很烦，可能是刚好想起了那个场景，所以才会这么想的吧。"

像这样，过去的那些经历和经验就是形成自动化思维的基石，看到孩子的行为，再配合上自己的想法就成了预测孩子下一步行动的垫脚石，这种想法可能本身没有错，但是毫无根据。在某一瞬间这种想法还可能让你和孩子的关系变得疏远，所以我们应该时时警惕。

▶ 事实也许会与你的想法有所不同

自动化思维可能会在某一瞬间出现，但它的特点是不容易发生变化的，为此我们需要的就是"反驳"，寻找可以反驳这种想法的证据，用多种观点和方式来检查自己是否陷入了自动化思维。

如果很难马上反驳自己的这种想法，有时候可以从旁观者的视角去看待这件事情。设想下，如果类似情况发生在电视剧里会如何呢？不如从观众的角度去看待它。从第三方的视角出发，妈妈的状况也许能引发共鸣，对孩子的状况可能也会加以关注。只要从旁观者而非自身视角来看待眼前问题，我们很容易去反驳出现的这种自动化思维，觉得"原来不一定是那样啊！"，动摇之前原本坚定的想法。

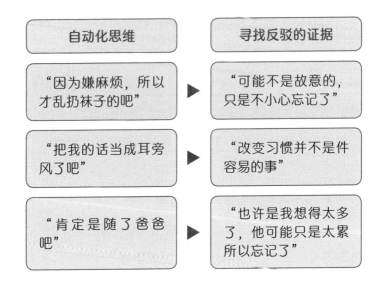

自动化思维	寻找反驳的证据
"因为嫌麻烦，所以才乱扔袜子的吧" ▶	"可能不是故意的，只是不小心忘记了"
"把我的话当成耳旁风了吧" ▶	"改变习惯并不是件容易的事"
"肯定是随了爸爸吧" ▶	"也许是我想得太多了，他可能只是太累所以忘记了"

3.要求孩子

把袜子翻过来不太好洗，作业不能不做，这是大家都知道的事实，即使家长反复强调、指出下次不要忘了，对孩子可能也没有多大效果。今天唠叨明天就会忘记了，所以**试图用唠叨改变一个人，实属异想天开。**

那我们能做什么呢？**我们要做的就是提出要求。**一家人在同一空间下相处本就不易，要让性格和生活习惯各不相同的人在一个屋檐下愉快地相处，最重要的就是互相关怀和互相尊重。所以，要让孩子学会这种态度，直接用言语表述也是作为父母的责任之一。

▶ 对单方面输出说"不"！

你还记得唠叨的特点是单方面输出吗？

"吃完晚饭就立刻去洗澡""马上关掉游戏"等，这些都是带有强迫性的单方面的要求。这时候我们不如换个说法："吃完晚饭就去洗澡吧！怎么样？"语气中略带些妈妈的期望："游戏你准备玩多久呢？"通过事先约定的方法，效果可能会更好。

▶ 说一些孩子能做到的事

对玩游戏到十点的孩子说："你要在 30 分钟内洗完澡并把作业写完，这是你跟妈妈约好的对吧？"这当然是事先谈好的，但是让孩子在 30 分钟内写完作业、洗完澡，想想都是不现实的。在愤怒的促使下，唠叨非常容易，但想去修补因此事而被破坏的亲子关系就非常不容易了。所以，这个时候最好说："十点半之前把作业写完吧！"在孩子的能力范围内去要求他。

▶ 运用一些积极意味的词语

"不要玩游戏了！"这句话和"如果能去做作业就好了"两者的区别是什么呢？最大的差异在于情感的应用。

"不要玩游戏了"这句话运用了否定词，包含着指责、强迫的意味，它会让人产生被控制的感觉，不自主的引发烦躁、厌恶等负面情绪；相反，"如果能去做作业就好了"这句话给人一种"请求"感，让人更容易接受。所以如果我们想改变孩子的行为，与其一味地要求，倒不如说些引导他们的话语。

当然，减少唠叨也是需要努力的，就像改变孩子的行为是一件非常不易的事一样，忽然之间就改掉爱唠叨的毛病并不容易。尽管如此，各位家长所做的这些努力也都是值得的。因为你现在的努力会在一年后，或者十年后产生你意想不到的效果，让你和孩子的关系长久地亲密，所以，现在让我们努力起来，一起去改变，怎么样？

第五章

母亲的对话法——培养学习
中自尊感的对话练习
孩子的性格不同，我们的说
话方式也应不同

即便话语中包含着相同的意图，但说话方式不同，孩子们对话语的接受程度也会有所不同。

　　为此，在理解孩子的动机之后，说话练习显得很重要。

　　因此，本章将告诉妈妈们如何根据孩子的思维方式和行为动机来进行适当的话语表达。

　　希望通过各种事例，先理解孩子的话和行为背后的真实想法。

　　我相信只要坚持练习，妈妈们完全可以实现与孩子的"困难的共鸣"。

第一节
"你还是我的孩子吗?"
尝试与和父母想法不同的孩子产生共鸣

和妈妈们聊天的时候,大家都异口同声地对我说,自己很难和孩子产生共鸣。不明白在生活中明明自己很努力了,为什么还是很难与孩子产生共鸣。

> 共鸣:对于别人的情感、意见、主张等,自己能够做到感同身受。

从共鸣的词典定义来看，很有意思的一点是：共鸣也存在着基本前提。即"我也应该有那样的感觉"，但这点似乎也没有什么不对。很多情况下我们之所以能表现出与某人的共鸣，是因为有很多"我也那么觉得"的时候。

就像彼此心意相通一样，与朋友聊天时，彼此产生共鸣并不困难。如果是令人生气的事，只要听到朋友提起自己也会义愤填膺。如果是令人心情愉悦的事，只要想象一下就很开心。听到和自己想法相似的话时，共鸣是非常自然的，而且也很容易发生。

像这样，与他人产生共鸣其实没有太大的困难，因为自己的想法也和对方的一样。通常我们将这种共鸣认作"容易引发的共鸣"。因为自己也这么觉得，所以只要自己表现出来，便很容易与对方产生同感。

那么"很难引发的共鸣"又是什么样的呢？它常常发生在自己与对方想法不同的时候。想法不同便很难感同身受。因为自己无法理解，所以也不知道该说些什么，该做出些什么样的反应，最重要的是，不知道自己为什么要听对方说这些。

我们之前不是一直过着和他人"容易产生共鸣"的生活吗？很小的时候就和亲密的朋友黏在一起，只听自己喜欢的老师的话，对于职场中上级的那些"唠叨"，一只耳朵进一只耳朵出，勉强地做些反应。我们没有感受过生活中必须去引发"困难的共鸣"的情况，也没有故意去制造那样的情况。因为我们觉得生活其实没那么复杂。

但是自从孩子出生后，情况就不一样了。看着明明携带着自己的基因，但却和自己完全不同的孩子，我们很多时候都要绞尽脑汁地去思考如何去产生"困难的共鸣"。如果你也曾经有过诸如"为什么我能和他人产生同感却不能和自己的孩子产生共鸣"的苦恼，现在承认这个事实又会怎样呢？

"啊，我也是第一次遇见这么难共鸣的问题啊！"

对于"困难的共鸣"我们自己没有尝试过，也没有机会去学习。但是又想和孩子做到心意相通，结果难免感觉到交流起来困难又生疏，有时做不好，也只能生气，这一切其实都是极其正常的。新手本就会犯错误，但是请不要担心。通过理解和练习，初学者也能变得熟练。

首先，要理解孩子的思维。我们通常希望性格急躁的孩子能冷静下来，希望因为小事就容易哭的孩子能变得大胆起来。但是改变性格和思维方式本身非常困难。这种时候，我们倒不如希望，性格急躁的孩子稍微减少失误，对小事易哭的孩子愿意慢慢挑战自己，也许这是更有可能实现的事。为了做到这点，理解孩子语言和行为背后的动机至关重要。

其次，需要练习。即便话语中包含着相同的意图，但说话方式不同，孩子对话语的接受程度也会有所不同。为此，在理解孩子的动机之后，说话练习显得很重要。

因此，本章将告诉妈妈们如何根据孩子的思维方式和行为动机来进行适当的话语表达。希望通过各种事例，先理解孩子的话和行为背后的真实想法。我相信只要坚持练习，妈妈们完全可以实现"困难的共鸣"。

第二节
"我做不好该怎么办？"
深陷不安的孩子

问：我的孩子在临考或当众发表意见时常常紧张不安。他学习确实很努力，但就是因为太过紧张，表现往往不如平常。特别是他常常担心自己"做不好怎么办？"，一到考试就压力很大。我常对他说："不要紧张，考不好也没关系。"但他却对我发脾气，令我十分苦恼。老师，面对这种情况我该怎么做才好呢？

有一些孩子常常会在考试或演讲前陷入极度不安。

尤其那些平常比较敏感或容易紧张的孩子，他们更容易在考试或者演讲前承受巨大压力。我小时候也是这样的。有时在考前还会呜呜大哭。每当这时妈妈就会对我说："不要把学校的考试想得那么严重，考不好也没关系。"即便如此，在我擦眼泪时，母亲也总会说一句"流泪的时间都可以解答一道题了"。

现在回想起来，虽然我能够明白当时妈妈的意思，但是说实话，这种话对当时的我帮助不大，妈妈说考试并非那么重要，没什么大不了的，考不好也没关系，听起来她对于我的考试成绩好像并不是那么关心，她的话也成了我"考不好也无所谓"的借口。

那么，"有时间担心倒不如再看一道题"这句话如何呢？只会火上浇油罢了。我也想学习，但是不管怎么努力去集中精神，有时还是不行。请各位家长一定要记住，其实考试前一天，孩子都想做到不紧张，都想去仔细复习。

引发不安的悲剧化思维

考试前，感到不安很正常。一些孩子或许还会出现消化不畅、浑身无力等一系列症状。但这些症状在那些极度紧张的孩子眼中会被无限放大，他们甚至会觉得自己当时肚子非常疼，头也非常疼，甚至看不清试卷。我们需要注意的是，孩子的话或许并不是简单的借口。究竟是哪里出了问题？其实根源在于孩子的意识。

患有严重考试焦虑的孩子，身体紧张时常会过度解读自己。普通孩子在考试前心跳加速，他们可能会觉得"我可能是紧张了"。而极度不安的孩子会想到"肯定要考砸""该对妈妈怎么说呢？"等，他们会联想到自己已经考砸并且伤心的样子。这种思维叫做"悲剧化思维"。具有这种思维的孩子，他们无法承受失败带来的恐惧感，身体也会出现异常反应，最终会像孩子自己所害怕的那样，陷入关于考试的恶性循环。

看到紧张的孩子，父母也会非常焦虑。作为父母，我们当然希望自己的孩子能够在考试中思维活跃并且放松，这样才能取得好的成绩，因此，对孩子说的话也许就是"不要担心""不要紧张""考试没什么大不了的"。

但是总的来说，这些话对孩子并不会有什么太大帮助。为何会如此呢？有一天，民浩找到我说了这样一番话。"老师，那些用来安慰人的话对我好像效果不大"，民浩说，第一次听到"一切都会好起来的"时候，心里很痛快，这样积极安慰的话语让他心情舒畅。但不知从什么时候开始，心里就开始郁闷，萌生"不会的，一切都不会好转"的想法，别说心情舒畅了，悲剧化思维反倒更加严重了。

有时候我们脑中闪现出来的想法并不会像电器的开关一样能够简单的得到控制，想让它出现就出现，想让它消失就消失，相反，在努力想忘却某些事情的时候，那些本该被忘记的想法反倒会不请自来。这时听到别人说"不要担心"会怎样呢？令自己担忧的事情依旧会浮现出来。"一切都会好起来的"这句话之所以让人不痛快，是因为听到这句话时，我们的脑海里就会浮现不顺的事情，这种想法越反复，孩子自然就越害怕。

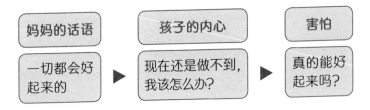

妈妈的话语	孩子的内心	害怕
一切都会好起来的	现在还是做不到，我该怎么办？	真的能好起来吗？

"你应该很紧张吧？我觉得这也很正常。"

你了解"认同"这个词语的真正含义吗？认同，并不是凡事都往好处看，如果去查找字典中"认同"这一词语的意思的话，上面写着"承认想法是对的"。不是说我们的想法本来就是对的，而是承认，承认自己心中那些本就不全面或者根本就不正确的想法，这就是认同，很有意思吧？

其实对即将要考试的孩子说"不要紧张""不要害怕""考试没有什么大不了的"这些话并没有什么用处的原因也在此。因为这些是否定和无视孩子情感的话语。如果在不自觉间忽视了浮现的情感，回避了它，又会怎样呢？必然会消耗能量，而且还很巨大。本来为了准备考试已经精疲力尽，加之为了无视某些情感又再次消耗了能量，所以考试失利自然在所难免。

身处不安和紧张中的孩子，需要的是情感上的肯定和认同，当能够正确审视和认可自己的内心时，所谓的紧张和不安才能够消散。

"应该会紧张，我觉得这是很有可能的。"

"你应该也会有'自己能不能做好？会不会出现失误？'这类的顾虑吧？妈妈以前也是这样的。"

请接纳孩子真实的内心。希望每个家长都能理解孩子紧张的心情。或许明天的期中考试在孩子漫长的人生路途中微不足道，但是对于即将考试的孩子来说，这就是自己当下最大的考验。

当孩子能够正确看待和面对真正的自己时，自然就会萌生出积极的心态。所以，**对于那些极度不安的孩子，比起盲目地安慰他"不要那么想"，对孩子说"你有这样的想法也很正常"，这样感同身受的话语似乎才更好。**

第三节
一生气就沉默不语的孩子

问：听完老师的话，我也打算在孩子发脾气的时候，尽量做到不发火，和他冷静对话。但是我家孩子总会在生气时一言不发。我也想和他好好交流，但他就是沉默不语，我又不能冲他发脾气，这种情况我该如何是好呢？

　　的确会有一部分孩子在生气时沉默不语。只有说出自己因为什么生气，家长才能给出建议，但孩子一言不发，妈妈们自然心急如焚。如果在这种情况下你没有选择发火，而是心平气和地准备和孩子交流，我首先要为你的这种行为而鼓掌。不过为什么孩子会沉默不语呢？

请给一些时间让孩子理解自己

首先，要了解孩子的发育状况。孩子的大脑和成人有很大不同，特别是额叶部分。额叶是在大脑中进行高级思考的部分，主要负责理性判断、思考、计划及实施。所以生气的时候，额叶会判断自己是因为什么而生气、此刻的情况是否值得生气，进而起到调节生气程度的作用。但孩子的额叶发育并未成熟。

所以对于妈妈"你为什么生气"的发问，孩子很难回答。心情具体是怎样的，为什么会这样，孩子们自己也感到很混乱，就像心中笼罩着一层迷雾一般，所以并不是孩子故意不回答妈妈的提问，而是因为自己也搞不懂才选择闭口不言。

因此，我们需要理解和等待孩子。试想一下我们自己生气时，通常都会因为情绪过于激动而说不出自己内心的想法，与其干着急，还不如给自己点时间好好调整，等到心情平和，自然就能畅快表达了。孩子当然也是一样。**他们也需要一些时间来了解自己的内心。而且要记住，孩子需要的时间可能比我们还要久。**

　　有的孩子即便来到咨询室也闭口不谈。面对这种情况，我也不会催促他，不会为了让他开口而穷追不舍地提问，我会给他一些时间，"看来应该是发生了一些让你难过的事吧？要不然你不会无缘无故那么做""如果还没有准备好的话，老师会等你的。这里有书还有积木，做这个也行。你准备好了再来告诉我，好吗？"，而后我会继续工作。随后，孩子跑过来对我说了这样一番话："老师，我现在已经做好和你说话的准备了。"

"为什么那样呢？"这句话的局限性

　　当被妈妈问到"你为什么生气"时，孩子选择闭口不语还有另一个理由。原因就在于"为什么"这个词。家长可能觉得"只是问一问"没什么大不了的，但对于听到"为什么"这个词的人来说，很可能将其视为一种威胁。因为"为什么"这个词语中包含着一些隐晦的含义。

"为什么要这么做啊！"（那么做不行）

"为什么不听话？"（应该要听我的话）

"为什么不去做作业？"（要做作业）

像这样，"为什么"这个词已经脱离了原本的范畴，隐含着"不应该那样做"的意味在内。当被问到"为什么"时，我会不由自主地觉得此时不是在提问，而是在指责我没有做好这件事。在我学习咨询技巧时，首先学到的也是减少使用话语中的"为什么""为什么那样""为什么这样想"等表达。我想孩子也会有相似的感受吧？怕说错什么被骂得更惨，因而选择闭嘴不语。

所以，**请用"有什么理由"来代替"为什么"。**一句"有什么理由吗？"，自然而然就把原本指责的语气变成好奇。孩子会觉得，原来妈妈并不想教训我啊！心情也就会更加舒畅。当然，每次都要思考如何说话可能很难，但我们的额叶毕竟比孩子发达！如果能够通过一点点的关怀，就能更好地与孩子对话，这难道不是一件值得努力的事吗？

第四节
"我做不到"
还未尝试就直接放弃的孩子

问： 我家孩子总把"我不做这个""这个做不好"挂在嘴边。他并不是学不好，也不是没毅力，就是对学习新的东西比较畏惧，不愿意开始。哪怕是尝试过后再说自己不行也说得过去，但什么都没开始就说自己做不到，我该拿他怎么办才好呢？

确实有一些孩子认为自己"这个做不好""那个对我来说太难"。这位家长的孩子就属于这种情况。对于这类孩子，我们不能一味地认为他们没有毅力或是自身能力不足。毕竟他们也在非常努力地做着自己喜欢和擅长的事情，只不过很难轻易鼓起勇气去面对新事物罢了。他们与父母期望的样子不同，因而父母才会有这么多的忧虑。即便对他们说"你怎么这么胆小""就先试试再说吧，做不好也没关系！"也并不会有所帮助，反倒会让孩子更加畏缩。

自我图式较强的孩子

在前面章节中提到的"自我图式"（Self-schema）大家都还记得吧？所谓"自我图式"，就像"我是个……样的人"一样，是指个体在过往经验的基础上对自己的一种概括性认识。这与上述孩子们说"这个我做不到"情况类似。这些孩子非常固执地认为"我不会做这些 / 我不熟练 / 这对我很难"，在面对新鲜事物时恐惧感会比普通的孩子更强烈。就像他们父母说的那样，还没尝试没经历，仅仅靠自己的想法就畏缩不前了。

当然，这些孩子也不会无缘无故地就对自己抱有消极认识。就像自我图式是在经验的基础上形成的一样，自己曾经的失败经历、被朋友无视的经历、被老师或父母指责的经历等，都会使孩子们产生强烈的自我暗示："一旦我尝试失败的话，就会被别人嘲笑。""这不是我擅长的，我肯定做不好。"虽然这些想法有时可能对孩子有所帮助，看到朋友们受挫的样子会说"看吧，还好不是我先来，我的决定多英明！"，或许心里获得了些许安慰。但是这类想法并不总是对自身有帮助的。要知道，现在是孩子们学习、体验、成长的时期，为了学到新的东西，过程中必然要经历挫折和失败，如果因为害怕失败而一味地选择回避，孩子就永远走不出"温室"。

这种强烈的自我图式对孩子没有帮助还有另外的一个原因。自我图式越强，封闭性思维就越明显。所谓封闭性思维，顾名思义就是说把思维局限在自己的世界里，一个狭小的空间里。本该倾听他人意见，却永远认为自己才是最正确的。因此，这类孩子常会因为和朋友意见不合而发生冲突，很容易被他人称作"极其固执的孩子"。我们生活在以开放的心态相互合作的时代，孩子的一意孤行固执己见，并不适应时代的发展需要。所以为了孩子，我们应该帮助他们发散思维，开放思想。

"你看起来有些担心啊！"

对那些还没尝试就感到不安的孩子说"为什么不尝试一下呢？""做不到也没关系"这些话完全没有效果。听到这些话，孩子会觉得"是啊，为什么只有我这样？我好像真的不行"，从而陷入自责，内心更加不安。

任何人都会在初次尝试时感到恐惧，很少有人喜欢变化。因为比起不确定性，大部分人更喜欢当下稳定的环境，孩子们也一样。所以这时，请先帮助孩子平息内心的不安情绪："你看上去有些担心啊！""感到不安也很正常。"希望大家能理解孩子的情感。只要告诉孩子们不安和担心是一件很正常且自然的事情，孩子那种刻意的心理暗示就会慢慢地消失。

"妈妈先来尝试下怎么样？"

当孩子对新的尝试感到极度不安时，**请通过间接经验帮助他们减少内心的不安**。通过观察别人的成功，孩子们就可以进行模仿学习。这个人越是和自己相似，越是能激发孩子去学习，"我的朋友都能做到，我应该也行"。当然，除了朋友，父母也可以成为孩子不错的模仿对象。如果对遇到的新问题孩子很难自己去解决，**那么父母应该先发声，一边解题一边告诉孩子该怎么做**。即便这个过程中孩子没有亲自去解题，但是他们也会跟着大人的解题方法在脑海中形成解题思路。在这里需要注意的是，不要说一些类似"我都会做，你难道不会吗？"相互比较的话语。

"今天这么做如何？"

具有封闭性思维的孩子会将这种思维方式贯穿到生活中的各个方面。比如，每次都要穿一样的衣服，不愿尝试新出的菜品，每天只走同一条路回家。任何突然的变化都会成为他们的心理负担。面对这种情况，我们可以从小事开始去挑战、去改变。如果孩子每天只穿粉色衣服，今天就试试蓝色衣服；如果每天只走固定的路线，今天就换一条路……尝试一下日常生活中的小变化。变化并不可怕，它有时还会带来更好的结果，变化是孩子们所需要的。要知道，开放性思维也是琐碎的经验聚集在一起才形成的。

第五节
"我不喜欢数学"
讨厌特定学科的孩子

问：我家孩子不喜欢学数学。虽然他的成绩不是很差，但是一有数学考试，他就耍赖说不想去。我给他报过课外班，也鼓励过他，但就是没什么成效，他依旧还是讨厌数学。老师，请问您有什么好的方法吗？

事实上，有很多对特定科目感到恐惧的孩子，虽然这不属于一种疾病，但就像对某种特定事物心存忌惮一样，他们总是离某个学科远远的。正如上文所说的那样，如果孩子对某个学科特别讨厌，他也会厌倦去上学，在考试前夕说自己拉肚子、头疼之类的话。即便是参加考试了，成绩也不会和平时的实力相符。

学习也是一种情感

我个人认为学习也是一种情感。如果学习变得有趣，心里就会总想着它，自然这一天都会过得比较愉快；但如果学习让人感到无趣，就会对身边的所有事物感到不耐烦。然而，情感也不是无缘无故就产生的。人一旦将过去的经验和想法相结合，就会引发喜欢或者讨厌、有趣或者无聊的情感。

因此，对讨厌特定学科的孩子，我们首先要明白，这种情感到底是怎么产生的。

"你是从什么时候开始讨厌数学的呢？"

"提起数学，有什么特别的经历让你感到恐惧吗？"

"提起数学，你会想到什么？"

请向孩子提问有关数学的想法或者经历，这样的提问方式可能会让你得到"数学没意思"之外的其他答案。

"补习班的老师说我的成绩不好，这个都做不好，很难考上大学。"

"爸爸给我解释过那些我不会的题，但如果我说理解不了，他就会打我。"

"烦死了，班里的同学都知道，就我不会。"

孩子讨厌的特定学科大部分都与"羞耻心""丢脸"的情感联系在一起。因为某个学科，被公开训斥的经历、被话语侮辱的经历，让孩子产生自己是个傻子的想法，而后渐渐地开始讨厌这个学科。

"你心里肯定也很难过吧！"

学习归根到底也是一种情感，所以我们首先要做的就是切断诱发面情感的纽带。像"你不要那样去想""这么做都是为了你"这些话语是完全没有帮助的。相反，我们要做的是认同孩子的情感。

"哎呦，原来还有这样的事情啊，妈妈竟然不知道。"
"如果是那样的话，你应该很难过，很讨厌数学吧？"

孩子只有在坦然地接受自身情感之后，才会逐渐摆脱对数学的厌恶。事实上，孩子并不是讨厌数学。他们只是对打自己的父母、对自己说重话的老师、对只有自己理解不了知识的处境感到伤心。由于不能责怪别人，所以只能把矛头指向数学。如果这个时候有人能理解他们的内心，情况就会有所不同。只有充分地理解孩子，他们才有可能改变。一旦他们发现自己讨厌的不是数学，而是所处的某种境况，他们才会开始接受数学，内心为它留出一席之地。

"没关系，现在从这里开始如何？"

孩子如果赶不上学校的学习进度，采取题海战术一直做练习题也不会有太大帮助。这就好比让不会拿勺子的孩子用勺子去传运豆子一样，如果孩子用勺子都还困难的话，就应该从练习用勺子开始。很多事情应该按部就班，并不应该一味追求进度。

如果孩子跟不上老师的授课进度，最重要的是先弄清楚哪一部分对孩子比较困难，哪些部分他已经掌握。如果孩子对分数本身都不理解，又怎么能奢望他能掌握分数的乘法运算呢？所以对于这类孩子，我们要做的就是帮助他们弄清楚分数的概念。

"没关系，只要夯实了基础，难题也能轻松地解答出来，所以我们先从这里开始吧！"

不要因为孩子已经上五年级了还不会做三年级的题目就过分苛责说"现在你连这个都不知道，这怎么行！"，要知道，能准确知道自己哪些地方还不了解，这本身就已经很了不起了。所以我**希望各位家长尽量不要让孩子经历学习中的羞愧和羞耻感。即便孩子现在的速度有些慢也请鼓励他们一步一步地完成。**只有这样，孩子才会在不知不觉间体验到满足感，感受到学习的乐趣。当羞耻感转换成愉悦感的那一刻，将是孩子对学习情感变化的起点。

第六节
"就到此为止吧"
没有毅力的孩子

问：我家孩子没有毅力，不论做什么都把"就到此为止吧"挂在嘴边，凡事只稍微试了一下就马上放弃。所以他现在对任何事情都没什么自信，自尊感也很低，对此，作为父母，我们真的很苦恼。

有些孩子从小到大已经习惯了放弃，这些孩子只要看到了困难的苗头，就会选择放弃。看到这样的孩子，父母和老师自然会焦急。但即便如此，我们也不能去强迫孩子，因为就算用尽方法让孩子被迫坐在那里学习，他们的心也不会放在学习上，早已飞到九霄云外去了。

因为恐惧而放弃的孩子

对于习惯放弃的孩子们，主导他们情感的最大诱因可能就是"恐惧"，对于失败的恐惧。孩子想要摆脱失败带来的挫败感、羞耻心以及妈妈的唠叨，所以他们常会在中途宣布放弃。但讽刺的是，就算选择了放弃，孩子们还会再次经历失败。努力的过程肯定非常痛苦，但是那些通过努力而使自己慢慢变化的孩子会体会到一种感觉，那就是"越努力就会变得越好"。而那些习惯了中途放弃的孩子会觉得："看吧，坚持也不行吧，还不如就到此为止呢。"他们会后悔自己没有更早放弃，滑稽的是，这些原本想极力避免失败的孩子们，最终会与失败难舍难分。

无论是谁，一旦遭遇失败，心情都不会愉快，每个人都希望生活中只存在着快乐。但是生活就是如此，为了成长而遭遇失败不可避免。就像小孩子摔倒无数次才能稳住重心学会走路一样，只有通过不计其数的失败，我们才走到了现在。

特别是对于未来还有无限可能的孩子来说，经历失败更是必然的。在日新月异快速发展的时代，孩子们必须不断学习新的东西才能适应当下。可想而知，对于孩子来说，已经习得的东西尚且很难记住和应用，还要不断学习新的知识，在这个过程中又将会经历多少失败呢？所以说，我们与其告诉孩子获胜的秘诀，**不如告诉他们应该如何去面对失败**。

"覆水难收"带来的启迪

不仅是孩子，对于大人来说，失败也是件可怕的事。就像"覆水难收"这个成语一样，泼出去的水无法再收回来，事实无法改变。但是水洒了并不意味着一切都结束了。也正是得益于此，我们才会有"这里要小心，不要把水弄洒了"的全新觉悟。所以，我们不应该对洒了水的孩子说"为什么把水洒了？"，而是应该问"你从洒水中学到了什么？"。这样孩子就会明白，原来通过失误也可以学到新的东西。

如果孩子因为害怕失败而放弃了成长，这肯定是不行的。**但如何让孩子们去正确地面对失败呢？那就应该让孩子深刻地认识到成功和失败之间存在的某些联系，比如，"失败是成功之母"这句俗语会让孩子们懂得，成功是无数次失败的积累。**

"对于这部分你肯定觉得很遗憾吧！"

即便孩子经历了失误和失败，也不要过分地指责。**比起对失败本身的恐惧，失败带来的遗憾才更有价值。**恐惧只会让我们逃避，但遗憾会创造出让人再去努力的契机。不要先指出孩子的失误，说"这个不是应该这么做吗？"，对于失误没有人会比孩子自己更清楚。我们要做的就是了解孩子的遗憾。"哎呀，这个部分我们多贤完全能做到的，你肯定感到遗憾吧？"听到这样的话语，原本因为做错题而伤心的孩子也会感受到父母的心意，从而下定决心，"下次绝对不能失误"。

"今天就做到这里怎么样？"

你知道跑完马拉松的方法是什么吗？如果抱着"今天试一下"的想法就随便开始，那么过不了多久就会放弃，没跑几步就会陷入"我今天能成功吗？"的自我怀疑之中。但是如果制订了目标，今天跑 3 公里，半年后是 5 公里，一年后能跑 10 公里的话，那就另当别论了。如果通过坚持不懈的训练顺利完成了 10 公里，那么再过不久产生的"现在可以跑完全程"的想法就会让你浑身充满力量。

孩子们之所以对失败极度恐惧，是因为他们常常把目标设定得过高。如果把自己要克服的障碍设置得过高，那么比起挑战或许我们更多的是回避它。所以**为了减少恐惧感，我们要学会将目标一点点地分割开来**。这周每天做 5 道数学题，下周每天做 10 道数学题，这样，让孩子在不断完成自己制订的小目标的同时，也一点点积累成功的经验。

当然，站在父母的立场上，一天 5 道数学题可能算不上什么。也许看到轻易就完成目标的孩子已经开始玩耍，父母内心有些焦躁和后悔："还不如让他直接做 10 道题呢！"但我们要知道，在这个过程中最重要的并非解题数量的多少，而是孩子们轻松解答了 5 道题而带来的自信和宝贵经验。

"我以为会很难，没想到只有 5 道题，答对这几道题就可以了吧？我得赶紧做了！"有这种想法的孩子会很容易学好数学。轻松作答完这 5 道题后，他们会认为"这 5 道题也没有什么大不了的啊"，以后面对 10 道题、20 道题也很容易解决。最重要的是，即便很小的目标也需要由孩子自己决定。请诸位勿忘！

第七节
"这个我来"
我行我素的孩子

问：很多家长可能会因为自己的孩子没有毅力而担忧，我
的情况略有不同。我家孩子不论做什么都想自己一个人去
完成。当然对于这点我也不是说不赞同，但我认为还是需
要学会给孩子时间让他去改变。最近学校也经常举办小组
活动，试想和我家孩子一组的同学，听到我家孩子说"这
个这样做，那个那样做"，那些孩子心里肯定会不开心。
因为这种强势的支配感不会有人喜欢。我家孩子好像有些
我行我素，完全不顾及别人的感受。面对这种情况我应该

怎么办呢？

对力量和成就有强烈欲望的孩子

有这样一类孩子，在需要小组合作时，他们不愿意参与，而是按照自己的想法去做。说得好听些是具有领导能力，如果说得不好听的话，他们会被认为是"自私的孩子"或是"不会关心别人的孩子"，从而失去朋友的信任。

这类孩子最大的需求就是力量和成就。他们想通过竞争和成就来证明自己存在的价值。而他们想凭借自己一个人的力量来完成所有事的理由也很简单。因为只有这样他们才能得到自己认为的"真正意义上的认可"。对于这些对力量和成就有强烈欲望的孩子而言，别人的帮助或是与他人合作都意味着对自我权利的剥夺。因为孩子觉得在别人帮助下完成的任务并不能显示自己的真正实力，所以他们无法尽情享受与人合作成功后的喜悦。

当然，这样的欲求并非都是不好的。对力量和成就有强烈欲望的孩子，他们能很好地发挥领导才能，发挥模范带头作用，很大程度上能获得同学和老师的认可。面对这类孩子，家长要做的就是**帮助孩子健康地发展自己的需求**。如今我们生活在一个只凭单打独斗无法取得成功的时代，只有共同合作产生协同效应，才能长久地生存下去。孩子应该要去体验，比起一个人行动，合作会带来更好的结果，也应该承认身旁朋友的优点，认识到合作的好处。

我们平时都说过哪些话呢？

虽然有很多因素都会让孩子对力量和成就的欲望变强，但其中有一点就是平常家长说的话。在一个过分强调成就感的家庭中长大的孩子会是怎样的呢？他们自然会更关注成绩、排名等客观数值，更追求超越他人。

"难道妈妈能帮你一辈子吗？"面对寻求帮助的孩子，如果只是这样一味地指责，他们就很可能觉得获得任何人的帮助都是不应该的。如果父母经常说，"人生就是一个人生活，对你好的人说不定会在什么时候给你背上捅一刀"，听到这些话的孩子肯定会不愿与人合作，对朋友没有信任感。大家可能会想，"哎？我们怎么会对孩子说这些话呢？"我们不能否认，孩子的记忆力是非凡的，我们不经意间的某句话，说不定就会被孩子永远地记住。

"这部分需要我来帮帮你吗？"

极度追求力量和成就感的孩子并不总是自私的。他们也会主动对周围那些需要帮助的朋友施以援手。但有时也会因为没有掌握好分寸而适得其反。比如明明应该是朋友一个人解决的部分，他也会不假思索地："这个我来。"这个时候，我们最好具体地指出需要帮忙的地方。

"弟弟做两位数乘法有点困难，你给弟弟示范一次，然后看看弟弟能不能自己做出来，好吗？"

而后再这样对他说："你示范之后，弟弟好像能理解了，有了你的帮助他学到了很多。另外，以后弟弟再遇到困难的话，你要是能等到妈妈拜托你帮助他的时候再施以援手那就更好了。"这样孩子既可以把握帮助他人的分寸，也能够抓住帮助别人的时机。

"原来你很擅长这个，你的朋友们擅长哪些啊？"

对力量和成就具有强烈欲望的孩子们也会有感到困难的时候，那就是承认他人的能力在自己之上时。这类孩子喜欢受到他人关注，讨厌被忽视。一旦周边的朋友更受人关注，他们就觉得像珍贵的东西被抢走了一样，从而讨厌、嫉妒他的朋友。

但越是这样，他们越会感到疲惫。即便没人强迫，自己也会陷入某种与他人竞争的模式。因此，越是这样欲望强的孩子，停止与别人的比较就越重要。**所以我们要做的就是帮助他们学会正确地比较，培养能够发现他人长处的慧眼。**

"比较也分好坏吗？"可能大家会有这样的疑问。事实上，"比较"不是用来贬低对方的。"比较"具有"面对两个以上的事物，考察彼此间的相似点和差异"的意思。即找出两者的差异和相似之处。特别是对于那些对力量和成就欲望强烈的孩子们来说，寻找和朋友的相似之处，互相取长补短，才是成长中至关重要的。

"你擅长这部分，他擅长那部分，两个人一起学习的话，应该能把能力发挥到最大吧？"

"和你要好的朋友相比，你认为你俩的相似之处是什么呢？"

通过这样的提问让孩子意识到：其实周围的朋友也和自己一样，身上具有特定的优点，并且，在结合彼此优点后才能发挥协同效应。即便朋友优秀也并不会抹去自己的光环，反而会给两人都带来好处。一旦孩子意识到这点，他们便会更加阳光和积极地追求力量和成就感，去体会成长带来的快乐。

第八节
"我只学这个"
喜好分明的孩子

问：老师，我家孩子很喜欢历史。不仅是历史书，就连涉及历史的相关视频都要找来看，这点让我非常欣慰。不过他只喜欢历史，对其他学科没什么兴趣。本应该加以重视的数学、语文、英语这些主要学科，他却没有兴趣。所以我现在比较担心。

在学习上偏科的孩子

有些孩子偏科比较严重。喜欢语文，讨厌数学，英文单词背得滚瓜烂熟，却嫌弃历史，声称知识点太多对其深恶痛绝。上述的这位喜欢历史但对其余学科不感冒的孩子就是其中之一。当然，对于他来说，有兴趣偏好，并且乐意为之花费时间和精力，这种行为值得称赞。但如果父母只让孩子去学习固定学科，而不顾孩子的兴趣，这种行为有些不合适。因为父母的唠叨越多，孩子很可能对自己原本感兴趣的学科也会越发变得抵触。所以，父母要做的是对孩子喜欢的东西表现出浓厚的兴趣，并帮助他们将这种兴趣联系到其他科目上去。

不论是喜欢还是讨厌，一定都存在理由

对偏科的孩子说："你为什么不学这个呀！你拿出对历史一半的兴趣就行！"这些话对他们也起不到什么作用。这就好比让不喜欢胡萝卜的孩子去吃胡萝卜一样，要知道家长一味地强迫并不会让孩子发自真心地去喜欢某些

东西。这时我们倒不如先问问孩子的想法："你不喜欢胡萝卜的哪些地方呢？是味道不好吃，还是因为它长得怪异？"如果孩子们回答说不喜欢它的味道，我们就可以先让他们尝试一下胡萝卜蛋糕，摆脱对胡萝卜味道上的偏见。如果孩子们回答称不喜欢它的外形，我们就可以通过制作胡萝卜机器人的方式，让孩子们对胡萝卜有一个全新的认识。当然，这一点也同样适用于学习。所以在面对偏科的孩子们时，我们**首先要弄清楚的是他们不喜欢的理由**。

"数学老师解释得太快了，我根本跟不上，而且每次答题都错，所以我才觉得数学没什么意思"，如果孩子说出了这样一番话，那我们首先要做的应该是帮助他们一步步去理解数学。这时，与其一味地跟随学校的进度走，倒不如像前面"胜任能力"章节所强调的那样，去寻求孩子的最近发展区。毕竟，成就感也不是突然获得的，而是一个慢慢积累的过程，所以请帮助孩子先从他们能做到的那部分开始，一步步向前推进，慢慢积累。

如果那位沉迷历史的孩子也说出了自己喜欢历史的理由："历史可以引发人的想象，所以很有意思。电视剧里也常常出现一些历史镜头，总能给人一种回顾过去的感觉，让人印象深刻。"我们是否应该好好思考一番，把这种带来兴趣的方式延伸到其他学科上。比如，将科学家们发现数学公式的故事、人们把数学应用在生活中的故事和实际的数学学习联系起来，当孩子了解到原来数学不仅仅是无聊计算的时候，他们也自然也会对数学产生兴趣。

"原来这真的很有意思"

如果孩子对特定领域感兴趣，并愿意为之花费精力学习，这绝对是一件值得高兴的事。因为对于年幼的孩子来说，能发掘出自身关心的领域并不容易，这个过程必定倾注了不少努力。所以，当看到孩子热衷于自己喜欢的事情时，家长要做的就是认可他的这种行为。

"看来你真的很喜欢这个啊。"
"这看起来真的很有意思。"
"你能自己找出这个真是太棒了。"

当努力被别人认可时，孩子会为了展现自己的能力而更加卖力。所以即便孩子偏科，我们也不能去剥夺他们在某个特定学科中获得的乐趣。相反，要对他们喜欢的学科展现出兴趣，"哪一部分让你觉得有趣啊？"。**因为所有领域的学习都隐藏着相似的要素，如果我们能找到孩子感兴趣的要素，并将其融入到其他领域，那么孩子对其他学科的兴趣也会提高。**

比起直接性的话语，委婉表达更有效

如果对偏科的孩子说，"这个你也应该学习"，稍有不慎可能会导致孩子对原来喜欢的学科都丧失兴趣。比起这样直接的话语，委婉的表达或许更有成效。

"妈妈曾经看过这样一个视频，讲的是数学家们发现数学公式的故事。里面讲了些我不知道的东西，所以我觉得非常有趣。"

如上所述，如果让喜欢听历史故事的孩子去学习数学，比起直接命令"你应该马上去学数学"，用趣味故事

去勾起孩子对数学的兴趣或许会更具成效。要知道，孩子能对某些特定部分感兴趣就已经算是一件幸运的事了。就像一种食材可以制作出多种料理一样，我们要做的就是帮助孩子察觉到数学这一科目中不仅隐藏着计算，还隐藏着很多原理。如果孩子能摆脱现有的固定观念，用全新的眼光去看待数学的话，之前被熄灭的兴趣之火也会重新燃起。

"你努力付出了多少，同样也会收获多少"

当孩子能自己去发现学习的乐趣时，他们才会变得主动起来。但现实中仅凭孩子一己之力很难做到这点。所以，当孩子还未发现学习的乐趣所在时，妈妈的关心与帮助就显得尤为重要。希望各位家长在孩子努力过后，即便只是取得了一点点的进步，也要具体地向孩子指出。只有这样，孩子才会觉得，原来妈妈一直在关注着自己，看得到自己在努力。请记住，妈妈的支持与鼓励也能激发出孩子对学习的兴趣。

第九节
"我一会儿做"
写作业拖延的孩子

问：我常在下班的途中就开始担心。当然，每个妈妈回到家能看见孩子，心情自然很好。但我家孩子不管我说什么，就是不写作业，只顾玩游戏，这让我十分懊恼。所以每次下班回到家，我俩就常因为做作业而争吵。我好声好气地对他说，吃完晚饭去写作业，他就偏偏不听，常常看完电视再去玩游戏，作业一直拖着不写。到最后，我没有别的办法，就只能威胁、训斥，他这才勉强去做。但是刚过一会儿他就又开始边说困，边揉眼睛发脾气。面对这样的状况，我该如何做才好呢？

很多孩子常把"一会儿"挂在嘴边。"饭一会儿吃""作业一会儿做""房间一会儿整理"，这些孩子在面对不喜欢的事情时，常常用"一会儿"来拖延。通常，他们说完"一会儿"后，随之而来的自然是妈妈的唠叨。面对这些高喊着"一会儿"的孩子们，妈妈会用更大的声音说，"到底什么时候做啊！""刚才不是说一会儿吗？"凡此种种，最终换回来的是孩子气鼓鼓地关上房门，拒绝与父母交流。真的很奇怪吧？明明是他们推脱着不做作业，为什么发脾气的也会是孩子呢？

小学阶段就要培养的态度：勤勉

小学既是孩子学习和掌握新东西的阶段，也是培养学习态度的重要时期。其中最重要的，就是培养孩子诚实负责且及时地完成各种学习任务，即勤勉性。勤勉的孩子不会拖延，有事会立刻去办。这样的态度自然而然会成为他们成功的经验，进而成为培养孩子学习效能和自信心的坚实基础。

但不具备勤勉性的孩子又是怎样的呢？这类孩子一旦发现某件事做起来有些困难，或是觉得自己做不好，他们就会立刻发挥"拖功"。要知道，在初次尝试某件事情时，无论是谁都会觉得困难，但是如果连尝试都不愿意的话，最终只会是失败。如果这时产生了"你看，反正也不行"的想法，只会让孩子萌生自卑和挫败感。

一般来说，将"一会儿"挂在嘴边的孩子内心都比较自卑。认为自己什么都做不好，手边还没完成的作业、妈妈的训斥，时常会萦绕在他们心头，让他们拖延的毛病越来越严重。所以，这些孩子的本质困难不是"拖延"，而是学习上的自卑感。

不要剥夺孩子学习的主导权

为了治疗孩子的"拖延症"，妈妈们也会采取些特别措施。"别废话赶紧做！"妈妈们常会这样去训斥孩子。更有甚者会说："你是不是还要找理由拖延下去？现在马上去做，你要是不写，我就把你的游戏机扔掉！"当然，面对妈妈的这种强硬甚至是威胁的态度，孩子们会嘟着嘴开始写作业。但这里我们很容易忽略一点：靠勉强和敷衍是无法培养孩子自主学习能力的。

处于这个阶段的孩子们会为了拥有"我要做某件事"的主导权而费尽心力。当然，如果他们在自己决定和完成某件事的过程中感受到成就感，快乐也会成倍增加。但问题是，孩子根本不想掌握学习上的主导权。那么，在妈妈的胁迫下去完成，结果又会怎样呢？别说是主导权了，他们会厌恶学习，对做作业的抵触心理也会越来越大。妈妈越是说好好写作业，孩子们越会去草草了事。

当然作为父母，我们真正想要的不是孩子写作业敷衍了事的样子，而是希望孩子能够通过作业掌握学习内容并成长。更进一步说，我们希望看到的不是孩子被强迫，而是他们主动计划并完成某件事。为此，**学习上的主动权应该返还给孩子，而不是紧紧握在我们手里。即便需要时间，我们也应该耐心地培养和等待，直到孩子能够在自己计划和取得成就的过程中品尝到乐趣。**

"什么时候做作业好呢？"

为了避免进入"拖延写作业—妈妈唠叨—生气—讨厌写作业"这一恶性循环，我们首要做的便是制订计划。也就是说，制订好日程表、周计划表，将何时开始整理房间、何时完成写作业都详细地进行规划。当然，在这个过程中也有几点需要注意。

第一，让孩子成为学习的主人，计划需由孩子自己来制订。孩子们自我计划的能力是有限的。因为对于他们，想玩的东西总是优先，而做作业总是排在最后。这是因为他们的大脑额叶还未完全发育成熟，因此，从一开始就制订好计划并顺利实施可能会很困难。为了让孩子成为学习的主人，孩子应拥有学习的主导权，由他们自己决定什么时候学习，以及如何安排自己的一天。在这个过程中，妈妈只需从旁协助即可。有时孩子会因为贪玩，而制订些"无厘头"的计划，比如在睡前一小时才去写家庭作业。事实上，这样的规划对成人来说都很难完成。毕竟玩游戏本身就消耗了很大能量，在相当疲劳的状态下，试问又有谁能抱着愉快的心情去完成作业呢？面对这样的情况，为了帮助孩子将计划转化为现实，我们需要对计划进行分割落实。比起完全改变孩子"睡前一小时做作业"的计划，可以建议他们对计划进行分割，"吃晚饭前写 30 分钟作业，睡觉前再写 30 分钟"。这样一来，既保留了孩子在制订计划上的主导权，又能让孩子体验到完成计划的成就感。

第二，制订计划时，请撇开只需制订"学习计划"这一偏见。真正意义上的计划，不仅包括何时写作业，还应涵盖玩游戏的时间、看书的时间、和朋友玩的时间。只有将学习和游戏进行均衡规划，孩子才会更积极、更主动地去完成计划。

第三，习惯并非一时形成，它需要一个漫长的过程。喜欢睡懒觉、只在晚上睡觉前才写作业的孩子，我们不能指望他早起写作业。就像"千里之行始于足下"这句俗语一样，习惯的养成都是日积月累的，我们也不能奢望孩子一下子就发生转变。早晨早起 10 分钟、作业分成两个时间段来写，通过这些细微的改变来帮助孩子养成良好习惯。就像坚固的石墙不易倒塌一样，在有条不紊中形成的习惯也不会被轻易改变。另外，在习惯养成的过程中，我们还需要警惕的就是焦虑。

在习惯养成的过程中，我们该如何做呢？

在众多习惯中，最重要的是"日常生活习惯"。放假期间每天都睡懒觉的孩子，突然要在开学后早起，那他肯定会一想到开学就心情不悦，进入学校后也会犯困，很有可能会在课堂上打盹儿，整个上午都不会过得愉快。那么下午又会如何呢？除非发生令心情变好的事，否则他们很有可能会怀着不悦的心情回到家。但孩子并不了解这一切都是因为早晨情绪崩溃后产生的"多米诺"效应，只会认为"今天是让人崩溃、令人烦躁的一天"，于是他们会再次玩游戏玩到深夜，重复着这个恶性循环。

事实上，早睡早起、洗脸、吃早饭、做伸展运动等，**这些看似不起眼的日常程序都是生活中的重要组成部分，在任何情况下它们都可能成为孩子情绪不崩溃的坚实支柱。**

① 不论开学与否，**请家长帮助孩子养成在固定时间起床、入睡的习惯**。孩子今天的状态好坏不是由他今早几点起床决定的，而是他昨晚几点睡觉。

② 如果很难制作出日程计划表，那么**就从每天的"生活习惯目录"开始制订**。起床洗脸、刷牙、收拾玩具、读一本书、写作业等，至少帮助孩子制订三项目录，遵守并坚持。如果形成了三种生活习惯，那么以后逐渐增加种类，就没有那么困难了。

③ **目标一定要尽可能具体化**。相比于学习数学，解答 10 道数学题，这样的目标会更好。因为学一个小时的数学，这个目标过于抽象，将一个小时内自己做了什么、怎么做具体化才更利于去实践。

④ **将目标放在可视的地方**。请将孩子应该遵守的习惯目录贴到房门或是冰箱等容易被看见的地方。让孩子每天标记出自己做了多少，通过这样的方式让孩子

感受到成就感。

⑤ **最重要的是妈妈的积极反馈！** 相比于指责孩子做
错了什么，请具体地称赞他做了哪些努力。养成习惯
是一件很难的事情。所以即便是小小的改变，也请家
长认可和鼓励孩子，让他们意识到自己的努力没有
白费。

"你是想吃完饭再去做吗？智贤吃完晚饭可能会困，
这样也没关系吗？"

"我吃过晚饭再去做作业！"面对孩子的话，如果
妈妈说，"不行！你每天一吃完饭就困"，这样的回答很
可能会剥夺孩子学习上的主导权。这时，**我们可以提醒孩
子他们没有留意的点，而后让他们自己做最终的决定。**

如果他们还是说，"吃完晚饭再去做作业""好吧，
那这周就按照这个时间点来，下一周再重新规划"，也请
尊重孩子的决定，信任他们。

"妈妈已经洗完了，现在该去看书了"

虽然制订了计划表，但是孩子们并不会一下子就适应它。面对着将计划抛诸脑后沉迷电视的孩子，冲他们大声喊道："我就知道，你又会这样！"这算不上一种好方法。虽然计划表就在眼前，但是我们也不能奢望对计划表还不熟悉的孩子将它全部铭记于心。这个时候我们家长要做的，便是以身作则。

"妈妈洗完澡了，现在该去看报纸了，智贤要做什么呢？"像这样，妈妈可以一边说着制订的计划，一边自然地向孩子提问。爸爸妈妈看着电视却让孩子去做作业、整理房间，这对孩子来说未免有些残酷。如果家长对孩子说："爸爸妈妈上班工作很辛苦啊！"听到这，孩子也会觉得，"我也去了学校啊！同样也很辛苦，为什么你们可以休息而我却要继续学习？"长此以往，反抗的情绪会越来越深。所以**在孩子做作业的时候，父母也要一起看书或读报，置身到与孩子相似的环境中去**。各位家长请记住：当父母遵照计划以身作则时，孩子也会自然而然地照着父母的样子，去遵守制订的计划。

"你觉得这周做得怎么样？"

和孩子一起制订完计划后，还有一件必须要做的事，那就是"检查"。我们需要抽出一周中特定的时间段来回顾计划、进行检查。这个过程中，妈妈不需要对孩子的一周活动进行单方面的评价，而是应该让孩子看着计划表，说出令他满意和遗憾的部分。通过回顾自己过去的一周，让孩子学会反省。

当然，这里也会有妈妈能发现但孩子却意识不到的问题点。"现在去整理房间如何？""看完电视后会不会犯困呢？"请先去询问孩子的意见。通过类似的话语帮助孩子去回顾，让其意识到自己存在的问题，这样一来，孩子拖延的毛病就会改善，变得勤奋起来。在这里请家长务必记住：在孩子将计划付诸实践时，一定要给予他们积极的反馈！

第十节
"不管怎样我都一定要赢"
胜负欲很强的孩子

问：我的孩子好胜心太强，什么事情都想赢。可能是因为野心比较大的原因，通常大部分事情他都能取得比较好的结果。但是胜利不会永远眷顾他啊，问题的关键也就在这里，有时候结果不太如意，我的孩子就会发脾气，有时候还会哭鼻子。我应该怎么去帮助我那好胜心强的孩子呢？

　　有些孩子凡事只有赢了才甘心，这就是典型的竞争心态，是求胜欲望强的表现，通常有这种心态的孩子在竞争状态下比较擅长，因为有野心，他们愿意为了争取胜利而不懈努力，可想而知，好的结果肯定会随之而来。但强烈的求胜心并不总是好的，我们总会遇到失败，如果不能以正常心去对待失败，不仅会失去通过失败学习经验的机会，和朋友的交往也会困难重重。我想，对孩子们来讲，**比求胜心更重要的是学会正确地面对成功和失败。**

我们平时都说过些什么话呢？

我们在面对一个好胜心强的孩子时，首先要想想这是否和他们父母平时说话的习惯有关？如果你平时说："这次你拿了第一名吗？不愧是我的孩子！""来，告诉我，这次班里排第几？""你的那个朋友智贤这次排第几？"要知道，通常求胜心很强的孩子希望得到认可的欲望也很强，如果父母平时就很强调名次、强调结果的话，**孩子肯定会觉得只有得到第一名才能得到父母的认可。毕竟，父母平时就是这么教育他们的，但如果孩子这次不是第一名，他们很可能无法接受这个结果。**

另外，**父母在和孩子玩游戏的过程中，很多时候都**

没有使用公平的方法，因为害怕孩子失败而发脾气，所以很多父母都故意让孩子赢得比赛。孩子赢了父母，心情肯定会变好，但是这些父母可曾想过，如果孩子习惯了一直胜利，以后怎么面对失败呢？"平时我连父母都能赢，可现在怎么会连朋友都赢不了呢？"不用想都知道，这些孩子肯定接受不了失败，面对失败，他们不仅仅是沮丧，更可能是绝望。

因此，让孩子学会正确地面对失败是非常重要的，如何在输的过程中也能学到东西，也能体会到快乐，这才是我们要去体会的超越成败的更深层次的东西。父母可以在平时玩游戏的时候和孩子说："你知道吗？这是我故意输给你的。"虽然这简单的一句话像是在开玩笑，但是它却显示了自己对于输赢的态度。

和孩子一起游戏时，**既不要表现出太想赢的姿态，也不要公然地表现出自己是为了孩子高兴而故意输的**。相反，父母应该尽自己最大的努力去玩游戏，让孩子感受到，这个过程并不是为了输赢，而是为了体验游戏本身带来的快乐。游戏和考试十分相似，只要付出了努力，这件事本身就很有意义。

"你奔跑的样子真的很帅"

好胜心强的孩子把注意力都放在得第一的理由到底是什么呢？就是**因为这种所谓的成功能让他们体会到存在感**。当听到"哇，拿了第一名啊"的称赞时，孩子会觉得是因为自己拿了第一名，所以才获得了别人的认可。也就是说，只有胜利才能让他们体会到自己的存在感。

因此我们在称赞孩子的时候，比起结果，更应该把重点放在过程中。不要把注意力放在那些肤浅的东西上，而是放在孩子对待此事的态度和付出的努力上。看到孩子参与考试和游戏过程中展现出的积极面貌时，我们可以对他说，"这种方法很有创意啊！""你对这件事的坚持真的很让我们欣慰"，让孩子体会到存在感。只有当孩子认识到过程比结果更重要时，他们才会不再执着于表面的输赢。

"你已经很努力了，却还是输了，肯定很难过吧"

如果孩子努力了却没有得到想要的结果，该怎么办呢？看到孩子因为没有达成目标而发脾气，不要说："别哭了，输就输了，干嘛哭成这样？"请不要训斥和催促孩子。在这种情况下，失败的情感再加上羞耻心，很可能让孩子产生"失败＝可怕的经历"这种固定的心理模式。

这种时候，作为父母，不如说："唉，你一定很伤心吧，毕竟自己很努力了，如果妈妈跟你有一样的经历，也会很**伤心的。"请理解孩子的心情，因为孩子需要的是存在感。**如果通过妈妈温暖的共鸣，让孩子觉得自己的努力得到了认可，他们就会更容易从伤心的情绪中走出来。另外，"虽然没有得到想要的结果，但是这次比上一次的准确度提高了不少，说明你很努力了"，听到妈妈这样的话，孩子会觉得，即便没取得胜利，但自己所有的努力也并非毫无意义。

所以请充分理解孩子的心情，即便是孩子一点点的进步，也请各位家长表达出来，让孩子通过妈妈的话感受到自己的进步。虽然这个过程会花费些时间，但妈妈简短的一句话无疑能让孩子感受到温暖，对成功不再过度焦虑，让孩子更安心。我相信在妈妈的鼓励下，孩子不仅在成功中，也会在失败中学会成长。

第十一节
"那我就不学习了"
将不学习当作反抗手段的孩子

问：老师，最近我天天和孩子吵架。孩子总是不做作业，只知道和朋友出去玩，要不就是坐在镜子前化妆打扮。我一说她，她反倒生气了，让我不要监视她，甚至还威胁我说，我要是继续这样的话，她就不学习了。我担心孩子真的会放弃学习，所以现在说话也十分小心，感觉自己像被孩子抓到了弱点似的。这种情况我该怎么办才好呢？

孩子越是上了高年级，和父母说话时的嗓门儿好像也越大了。不仅玩手机游戏、化妆、交异性朋友，有时还会逃课，家里好像就没有几天安静日子。那么，孩子为什么会这么"任性"呢？

孩子任性的理由

究其原因，是因为孩子正处于"肆意妄为"的特殊时期。青春期对于孩子而言，可以说是一个"疾风怒浪"的敏感时期。在这个阶段，孩子们会经历二次发育，身体发生明显变化。对于还没熟悉自己这种变化的孩子，有时会通过化妆来遮掩，有时还会刻意模仿电视中明星的穿衣打扮、行为举止。

另外，在这个时期孩子也会发生许多情感上的变化。虽然大脑的边缘系统较为发达，但负责理性判断的额叶还处于未成熟阶段。也就是说，处于青春期的孩子们虽然情感异常丰富，但情绪控制能力依旧欠缺。所以，他们容易冲动又无法自控。他们会因为一点点小事就暴躁发脾气。于是便有了大人口中的"肆意妄为"。

对于孩子而言，重要的是自主决定权

处于这个阶段的孩子比较看重"自主决定权"。经历过青春期，孩子在很多时候更希望按照自己的想法做决定。但遗憾的是，大环境并不允许。孩子们不得不在规定的时间上课，遵照妈妈的意愿参加补习班。但他们也想要发挥自主决策力，于是便将视线转移到了手机、游戏、朋友身上。

在游戏的世界里，一切都由孩子决定。购买道具、支配领地，但只是这样吗？当然不是。游戏等级越高，越能获得更多人的认可，也就越能炫耀自己。于是，在现实世界中没有自主决定权的孩子就会越发沉迷游戏。

当然，在这个时候也会出现妨碍孩子自主决定的东西，比如妈妈的唠叨。本应集中精力学习，但孩子却偏偏对学习不感兴趣，妈妈们自然会开启"唠叨模式"。那孩子又会如何呢？就像上面例子中妈妈所说的那样，孩子会奋起反抗。他们认为学习就是他们的武器，也是妈妈的软肋。于是，冲着妈妈大声威胁道："你要是再这样，我就不学习了。"

其实，对于孩子的这种心情我非常理解。自主决定其本身也不是件坏事。另外，享有自主决定权也是我们每个人的正常需求。**但对于孩子们来说，还有一点不能忘记，那就是"责任感"**。大家都还记得前面说过，随心所欲并非是真正的自主性吧？自主决定权也是同样的道理。一旦作出了某种选择，我们也必须对这个决定背后的结果负责，这才是真正意义上的自主决定。而孩子也应该懂得这点。

因此，当孩子拿起学习这件武器向妈妈宣战时，妈妈的反应至关重要。当然，出于对孩子不学习的担心，妈妈们可能会做出让步说道："好，我知道了。"但这种反应很可能会让妈妈们丧失在孩子面前的权威，孩子也会继续凭借冲动，没有理性地肆意妄为，学不到"责任感"也是情理之中了。相反，如果对孩子说，"不行！现在该学习了"又会如何呢？很可能会破坏与孩子的关系。我们要知道，学习究其根本也是一种情感，倘若还没开始学习，感情就受损了，又有谁会爱上学习呢？这个时候，**比起孩子抵触学习的这种现象，我们更应该考虑问题的本质**。

将学习当作一种威胁手段的人究竟是谁呢？

"学习是为了你自己，你竟说出了这样的话，看来你很郁闷啊！"

当听到孩子说"那我就不学习了"，妈妈第一感觉肯定觉得非常荒唐和委屈："难道孩子是在为了我学习吗？"但如果这时妈妈生气地说"好吧！随便你"，无疑是火上浇油。要知道，现在孩子们的额叶还未发育成熟，很难进行理性判断。**他们也不是故意如此的，只是因为他们处于特殊时期。所以请先理解孩子。**毕竟我们也经历过这样的时期。

如果孩子拿不学习来威胁妈妈，恰巧你还妥协了，那么这对于孩子来说是没有任何好处的。其实在这种时候，直截了当才是最好的："你是为自己学习！"这样简单的一句就足够了，这个时候你讲得再多，孩子都听不进去，只会被认为是唠叨。

希望简单的一句话过后，通过与孩子的共鸣，进入对话的本质。孩子不学习的理由很多。大部分情况下，是因为孩子认为自己的决定权被剥夺了，认为妈妈过度侵犯了自己的领域，或是觉得自己想要做决定的欲望没有得到满足，因而才拿不学习这件事相要挟。

"你竟说出了这样的话，看来你很郁闷啊！"，请先用这样的话语表现出对孩子的理解之情。孩子也不是从一开始就不喜欢学习的。但是当父母以不学习为由，对他们说"你既然这样，就不要玩游戏了"，听到这话，孩子会作何感想呢？他们会认为自己享有的决定权（游戏、化妆、和朋友玩）是因为学习而受到了威胁，那么讨厌学习也是情理之中的事了。所以说，导致孩子用学习来要挟的元凶其实是我们自己。

请先去问问孩子的意见

"怎么做才好呢？"
"你是怎么想的？"

为了提高孩子的自主决策能力，并帮助孩子消除学习中的负面情绪，比起父母去安排，我们不如完全让孩子决定这些，这个时候问问孩子，"怎么办才好呢？""那么你觉得怎么样呢？"长此以往，在孩子自己思考和决定的过程中，自我决定权必然会得到提升。我们应该对孩子进行提问，在自我思考和决定的过程中，这种参与感也会提高。因为孩子最需要的是妈妈对自己的信任与尊重。

当然，孩子自主做决定时也有几点要注意，就是自由和责任，即完全由自己制订计划，对自己选择的结果负责。落实到日常生活中，最有效的方法就是制订计划。站在广阔的视角上观察一周的生活，回顾自己应该做哪些事，制订计划并遵守，以此来提高自主决策能力。

制订计划表时，最重要的就是**尊重孩子的想法和决定**。如果孩子想自己制订计划表，即便他们把做作业的时间排在最后，也请尊重孩子的这个选择。当然我们也可以先这样问下他："如果这样去制订计划，有可能在晚上要做作业的时候犯困，然后就不愿再去写作业了，这样也没关系吗？"如果孩子还是坚持自己的决定，也请按照孩子的计划实践一周的时间。然后再考虑改变计划的事情。

另外，去兴趣班、挑选习题集时也应先询问孩子的意见。因为在自我思考和选择的过程中，责任感自然也会得到提升。"妈妈是过来人，你按照妈妈说的做就可以了"，类似这样的话对于一个处在青春期的孩子来说，实际上只会让他们变得更叛逆。此时，不如换个说话方式，"哪个好呢？""你觉得怎么样呢？"，把生硬的安排变成人性化和询问和讨论，让孩子也参与到思考和制订计划的过程中来，真正意义上的自主决策能力就会这样被慢慢培养起来。

第十二节
讨厌做笔记的孩子

问：我家孩子特别讨厌做笔记。要想学习好，不应该把老师讲的内容都好好地整理在笔记本上吗？但我家孩子就是嫌麻烦不去做。他头脑也算聪明，成绩也还可以，我就是担心升入高年级后这样的习惯会拖他后腿。

"学习也有固定模式吗？"

大人常会对学习有这样的错觉，认为学习必须要借助手和臀部的力量来进行的一项行为。必须长时间坐在座位上，用手一一写下来、背下来，才算是在好好学习。做数学题必须要有一个固定的习题集，笔记本必须按照科目进行整理，这样才是学习好的孩子的样子，但事实果真如此吗？

就像不存在包治百病的灵丹妙药一样，在学习上自然也不存在适用于所有孩子的固定模式。有的孩子只有在笔记本上将满满的知识点写下来才能背下来，有的孩子比起记笔记，更习惯用眼睛去看，用嘴去大声朗读，这样才能快速记下来。有的孩子只有长时间坐在书桌前才能集中精力，但有的孩子只有在不断变换场地时才能做到注意力集中。所以我们要做的是找到适合孩子的学习方法。

当然，还有很多家长像案例中的母亲一样，还不清楚自家孩子的学习风格。时代不同，如今孩子们的学习方法也和父母小时候有了很大的不同。随着网络学习的逐步推广，对于已经熟悉了多样刺激的孩子来说，只坚持一种学习方法并不可行。**作为家长，我们需要帮助孩子找到属**

于他们自己的学习风格。

为了能让孩子通过多种方法学习，请打开学习的思路。另外，我们还要建议孩子不要只坚持自己的方法，还要体验其他方法。**让孩子在自我摸索的过程中，找到适合自己的学习方法。**这便是处于小学和初中阶段的孩子最需要做的事情。

"做笔记确实有些麻烦，我也这么觉得"

妈妈对孩子说得最多的一句话可能就是"只有做好笔记，才能把知识点记到脑子里"，但如果孩子不屑一顾地说"不！懒得做笔记"，妈妈就会很生气，也很郁闷，说道："不喜欢记笔记，那你做什么？"这里请家长记住，如果我们被愤怒等情感左右而去责怪孩子，可能以后就很难与孩子进行任何有关学习的对话了。因为孩子会觉得妈妈不懂我的心，只知道唠叨，他们自然也不愿意给妈妈看自己的教科书和笔记本了。

学习没有固定模式，记笔记这一学习方法也可能不适合所有孩子。将老师的话密密麻麻地记下来，也不意味着成绩就会提高。把老师讲的内容消化变成自己的东西才重要。

孩子说做笔记很麻烦，我们与其生气，不如**先接纳孩子这种认为麻烦的情感**。毕竟对于困的时候连饭勺都懒得拿的孩子，让他们去集中精力做笔记，不是更像是天方夜谭吗？

"没错，做笔记的确有些麻烦"，请妈妈先用这句**话打开孩子的心扉**。孩子在听到妈妈的话语后，也许会说出自己的心里话。"不是，也不是说我不想做，是老师说话太快了，根本就记不下来。"那么，接下来再和孩子一起讨论就可以了。"原来如此啊！如果是这样的话，你就把能写的东西记下来，写不下来的做个标记，等到下课后问下同学或者老师，怎么样呢？"如果妈妈给出了建议，那么孩子再去实践就不会那么困难了。

"那么，哪一种方法对你有帮助呢？"

有一些孩子只是单纯地讨厌做笔记。**这种情况我们可以对孩子说："那么，你觉得哪种方法对你有帮助呢？"**

这样的提问不再将对话的重点放在"做笔记"上，而是将两人从"应该做笔记""做笔记没意思"的争论中摆脱出来，转移到"什么样的学习方法才有帮助"上。这才是妈妈和孩子真正对话的开始。

就像世界上有多种烹饪方法一样，学习的方法也多种多样。虽然我们认为安静地边做笔记边学习是很好的方法，但犹太人认为热闹的对话和讨论才是学习的不二法门。如果孩子说"比起做笔记，读出来才更有效果"，那么也请各位妈妈去尊重孩子的学习方法。即便孩子的学习法与我们的方法大相径庭，我们也不能因为不一样就认定它是错的。

当然，如果各位父母依旧对孩子不做笔记这件事感到不安，认为孩子不做任何笔记，一定会错过一些学习的重点，那么我们不如换个角度和孩子交谈，**制订出一个与孩子的方法不同的策略，**比如："很好！你的方法对你有帮助就好。不过我也有一个好办法能够让你学习越来越好。你在上课的时候记住老师讲的重点，回到家后再把这些在书上标记出来，这个办法你觉得怎么样？"找想，妈妈给出的这样的建议，也会是弥补孩子可能遗漏重点的一个不错的方法。

第十三节
"我无可救药了"
深陷自责的孩子

问：老师，我家孩子常常自责。如果考试考得不好或者出现失误，他就会说："我真没用，我什么都不会。"过分地指责自己。平时我也没有在学习上给他施加很大压力，看到他那么痛苦，我真的很郁闷。我家孩子是不是自尊心太低了，所以才会如此呢？作为父母，我又该做些什么呢？

仔细盯着针孔看，再小的针孔也会变大

有些孩子即使旁人没说什么，也会陷入自我痛苦之中，他们常自责道："为什么我是这个样子？我真的是无可救药了。"正如案例中所说的那样，这正是自尊心低下的孩子的特征。所谓自尊心，就是自爱和自信的总和。越是有自尊的人越能够体会到自己的珍贵和**自我价值**，越是有自尊的人就越能自知，对自己喜欢和擅长的领域抱有绝对的**自信**。不难发现，这两个方面都是在自我评价的过程中形成的。只要有其中的一方面不能让自己满意，自尊心都会受挫。案例中的孩子两方面都很低，这难免让人感到惋惜。

事实上，每次考试都能让自己满意并不是一件简单的事情，我们每个人都不是完美的。那我们怎么能做到事事完美呢？我们都是普通人，都有好的一面和不好的一面。而这些好和不好都会体现在生活的各个方面，**所以，我们应该接受自己的平凡，接受自己的不完美，只有这样，才能在生活中自在地走下去。**

即使再小的针孔，如果我们总盯着看，它也是会变大的。自己明明有优点，但是如果只看到自己的不足，总

注意缺点而忽略了优点，那必然会认为自己是一个一无是处的人啊！但正常的人会怎么想呢？他们不光会关注自己的缺点，也会注意自己的优点，他们会接受自己的平凡，接受自己的错误，客观地看待自己。但遗憾的是，孩子还缺乏这种能力。因为他们负责进行判断的大脑额叶还处在发育期。因此，在这个时候，就需要我们大人去帮助孩子，但是，只是一味地说："要有自信，你能做好！"类似于这样的话是万万不可取的。因为自尊感只有在孩子学会接受自己之后才能得到提升。

"你一定很难过吧"，感同身受的力量

自尊心低下的孩子之所以自责，最大的原因可能在于父母。有些父母经常会说："你怎么弄成这样了？没关系，别担心。"当然，站在父母的立场上，孩子因为微不足道的事情而自责，既心疼又伤心。但即便如此，这个时候说"没什么大不了的"也不会有太大帮助，因为对孩子来说，这可绝不仅仅是一件小事。这时，**能让孩子不那么自责的唯一方法就是表示同情，陪孩子一起伤心**。请看看

下面的对话。

孩子："老师，我真的无可救药了，在上次补习班的测验考试中，我居然答错了两道题。"

老师："哦，你把自己原本会的题答错了啊，那你肯定很难过吧？看得出来，你是认真准备过的，所以才会这么伤心。"

孩子："当然啦，我这次本来能比昭熙考得好！但是我居然把自己会的题目答错了，我真是个蠢货。"

老师："你难过老师完全可以理解，不能得到自己想要的，肯定会烦躁和郁闷，不过很多人都是这样，一紧张起来就什么都忘记了，老师也经常这样。"

孩子："老师您也这样过吗？"

老师："那当然啦，老师犯过很多错误的，以前考试的时候也经常做不完题，也会把会的题目答错，而且回家还被父母骂。但正是因为有了那样的经历，下次我就会更加小心，更加仔细。你看，那些出生以来没有犯过任何错误的孩子，肯定不知道小心和仔细是什么意思！"

孩子："（笑声），真的有这样的人吗？ 从来没有犯过错。"

老师："当然没有，每个人都会犯错，每个人也都会悲伤，但是有些人会在失败中总结经验，下一次更加努力。你看，经过失败，你也比以前懂得多了吧？"

孩子："那倒是，我现在计算题的失误率就比以前低了！"

老师："你看，慢慢就好了嘛！失败伤心是在所难免的，但你比以前变得更好这件事，除了你自己，还有谁知道呢？"

孩子："确实如此。"

上面便是我和孩子在咨询室里的一段真实对话。仔细看我们很容易发现，刚开始时，孩子一直在贬低自己，但是当我对孩子的伤心和郁闷表现出共鸣之后，孩子的态度就逐渐产生了变化。于是，他开始不再自责，而是将注意力转移到我们之间交流的话题上来。"世界上有谁从未犯过错吗？""怎么可能？真的有那样的人吗？"，当孩子与你产生共鸣的时候，虽然有些话他还没有听过，但是也能明白其中的道理。

孩子自责的理由也是出于伤心。实际上，这种心情是能够被别人理解的，但是很少有人能够走进孩子的心里，所以，伤心就被原封不动的留在了那里。其实只要父母能够充分地理解孩子，孩子的这种伤心就会得到减轻。慢慢地，孩子的态度就会发生改变。

共鸣的力量就在这里。通过共鸣，能让孩子原本纷乱的心腾出一片净土，让感情得以宣泄，因此，**对于深陷自责的孩子们来说，他们需要的恰恰是制造这么一块空间。**如果在这个空间里孩子的努力得到了认可，付出得到了称赞，他就能平静地对待成长中的每一次坎坷。

"你也在一直努力" "一切也在慢慢变好"

如果孩子心里的净土已经被塑造，那么接下来需要的就是妈妈的认可。因为孩子已经长时间处于自责之中，因此，他们自己根本就没有察觉到之前的努力付出。事实上，在很多情况下，学习上的努力并不会立刻在成绩上体现出来，孩子感到焦虑和挫败也很正常。但越是这样，家长就越要帮助他们去发现，我们要把孩子的点滴努力都看在眼里，记在心里，哪怕发现他们只进步了一点点，也要告诉他们，鼓励他们。

然而在这个时候，**说话的时机就显得尤为重要**。家长首先要做的，就是引起孩子的共鸣。通过共鸣，让孩子打开心扉，消除怨念，这个时候，妈妈的鼓励就会有事半功倍的效果了。虽然琐碎的话听起来微不足道，但是请不要忘了水滴石穿的道理，一点点地积累，终究能够成就质的飞跃。

"我们不总是完美的，其实妈妈也有很多失误的时候"

从出生开始从未尝过失败的人是什么样的呢？一次都没失败过的人难道不应该被人羡慕吗？毕竟，人如果没有经历过失败，那他肯定不会害怕失败。但这真的是好事吗？大家或许看过这样的报道：某个孩子毕业于名牌大学，但是工作后因为被降职就患上了抑郁症。我们可能会觉得："那有什么可说的？只怪那个人太懦弱了。"但是我们不要忘了，如果他从学生时代开始，就不知道什么是失败，那么看似微不足道的一件小事，对他来说都可能是灭顶之灾。

其实，没有经历过失败的生活几乎是不存在的。**失败也是我们生活中必不可少的一部分**。正是有了失败，我们才会经历已经塑造的世界观被打破，在被重塑的过程中，才会获得成长。有这样一个故事。有个孩子他总是不听妈妈的话。妈妈让他穿得暖和一点出门，他却偏不听，每天都是短袖短裤，终于有一天，他得了重感冒，病得很厉害。那么经历过这次，孩子会有怎样的想法呢？他会领悟到："啊，以后出门要带外套了！"当初对母亲的话充耳不闻的孩子，通过这次重感冒改变了以前的想法。虽然这都是生活中很琐碎的事情，但是孩子会通过自己的经历形成更为合理和健全的价值观。

"我无可救药了！"这样自责的孩子，常常就是害怕失败的孩子。面对失败和挫折时本应该以此为经验，通过总结和学习，最后让自己变得更好。但是这类孩子却只把关注点集中在失败本身，忽略了失败背后的东西和意义，他们最需要的就是"接受"。他们需要接受自己的不完美，以另一个视角对待生活和学习中的失败和失误，理解"失败是成功之母"这个深刻的道理。

"生活中每个人都会犯错，但面对失误，有些人会获得成长，而有些人则会一直失败下去。失误是告诉我们要更加努力的信号，只要察觉到这个信号并且努力，我们就会从失败中成长。妈妈以前也犯过很多错误，但记住，不要纠结过去，以后才是最重要的。"

父母当然希望孩子尽量避免失败和挫折，但是为了培养更加坚强、更加适应这个残酷的社会的孩子，比起避免失误，我想，更重要的是帮助孩子正确地对待失败和挫折。所以请和孩子产生共鸣，发现孩子的努力，**教会孩子如何正确地对待挫折**。请相信，挫折是一针强心剂，有了它，孩子才能更加完美和坚强。

后记
其实我是因为害怕
才拿起了笔

 这本书是在 2019 年 11 月左右签下的，2020 年 3 月份，我才开始着手写这本书。那时由于新冠病毒的原因，所有人都处于恐惧之中，我本以为 1 年后疫情就会过去，却不想病毒依旧存在于我们生活中。

 事实上，我从很久以前就对孩子学习中的自尊心很感兴趣，孩子为什么会内心焦虑，自尊心低下，和朋友矛盾重重，这都让我陷入深深的好奇，在经过仔细的观察后，我认为把自己的心得一点点地记录下来很有必要，所以才开始策划这本书。

但是当我看到新冠病毒肆虐之下孩子们的处境之后，我的恐惧加深了。因为防疫措施，韩国现在已经开始线上教学，学习环境从学校变成家里，那些在家里的孩子，很多都因为玩游戏而使自己精力下降，昼夜颠倒。看到孩子这样，父母真的是心急如焚，现在连唠叨都觉得累了，他们甚至不愿意接老师的电话。事实上作为家长，我们担心的并不是孩子缺了几节课这么简单，而是他们放弃了学习，放弃了对生活的正确态度，也正是出于这些考虑，我才写了这本书。

大家可能会有这样的疑问，"这样几句话能够改变什么吗？"当然，在某些人看来，我所做的可能是在学校中最微不足道的事情，我说的话也不会让孩子的成绩一下子就提高上去，也不会忽然就让这些孩子脸上洋溢出笑脸。但是，我说的这些话却能够敲开一个孩子紧闭的心门，在孩子的心中播下一颗希望的种子。当然，想通过这些内容在短时间内提高孩子的成绩显然是不可能的，家长应该有心理准备。但我相信，我的话会让孩子在20年以后变得不一样，"你现在心情如何？你刚才很难过吧？"类似于这样的话，会让孩子形成回顾自己内心的习惯。20年以后，即使不再记得我的名字，我想孩子也依旧能信任这个世界并努力地生活，说道："小时候我的老师也能理解我的心情并相信我。"

家长说出的一句简短的话语，也许对我们自己来说微不足道，但对于孩子或许意义非凡。"你能这么做很不容易，你真的很努力了。"听到这样的话，孩子会觉得，只要努力就能做好。在以后的生活里，即使受挫，也会不懈努力下去。那些20年前播下的种子，会在孩子心中生根发芽，最终成长为枝繁叶茂的参天大树。

尽管对于孩子这方面的教育不会马上就展现出成效，也不会马上就提高成绩，但为了孩子以后的人生，我们难道不应该试一下吗？当然，读完本书，我们的表达可能也不会立刻有变化。但是读完之后，我们偶尔会想起："啊，我刚才说的话是什么来着？我应该回顾一下，应该怎么去引导孩子。"每当这个时候，你就会想起再看一遍这本书。这样潜移默化的，终会影响到你的孩子。

最后，我想借此机会对给予帮助的各位表达衷心的感谢。首先要感谢的是与我的想法不谋而合的申智英姐姐。有一天，我和姐姐一起去公园散步，她说："我为什么喜欢学习呢？但为什么有时候又讨厌学习呢？学习对我来说，到底意味着什么呢？"也正是因为和她的交流，我才有了写这本书的想法。其次，我要对智慧屋出版社（Wisdom House）编辑部为此书做出努力的编辑老师们表示感谢。当然我要感谢的还有用爱和信任把我养大的父母和已经去世的爷爷。实际上，我并不是个能说会道的人，从出生开始，我就对任何事情都表现出敏感和不安。小时候，为了找妈妈而光脚跑出幼儿园都是最常规的操作；到了学生时代，对待考试也是非常的焦虑，只要稍微感到不安，就开始变得心神不宁，夜不能寐。性格上的敏感也常常让周围的人深陷疲惫。这样的我，之所以能够在后来不受外界环境的摆布，按照自己的规划一步步地走，都是多亏了父母当年的教育。另外，我要感谢的还有我的爱人申光焕先生，感谢他背后的默默支持。我当时爱上他的原因之一就是因为他会说话。后来才知道，丈夫的所有优点，都是当年公婆努力的结果，因此，对于我的公婆也要表示深深的谢意。最后，我也要感谢那些对学生视如己出的各位老师们，谢谢你们！

2021 年元旦

韩惠媛